AF467856

L'ŒUVRE
DE
J.-P. LAURENS

OUVRAGE CONTENANT
DE NOMBREUSES REPRODUCTIONS
D'ŒUVRES DE CET ARTISTE
EAUX FORTES, PHOTOTYPIES, ETC.
PUBLIÉ SOUS LA DIRECTION
DE

F. THIOLLIER

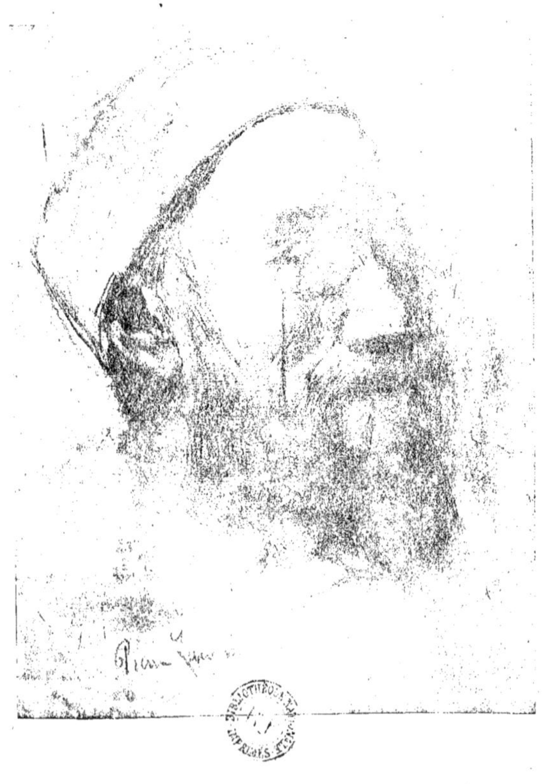

IMPRIMERIE THÉOLIER - J. THOMAS & Cie
12, RUE GÉRENTET, 12
SAINT-ÉTIENNE

L'ŒUVRE
DE
J.-P. LAURENS

OUVRAGE TIRÉ A

8 *Exemplaires tirés sur papier du Japon, numérotés de 1 à 8.*

5 *Exemplaires avec texte tiré sur papier du Japon, Phototypies tirées sur papier des Papeteries du Marais et Eaux-Fortes sur papier à la forme, numérotés de 9 à 13.*

55 *Exemplaires avec texte tiré sur papier à la forme épais, Phototypies sur papier des Papeteries du Marais et Eaux-Fortes sur papier à la forme, numérotés de 14 à 69.*

520 *Exemplaires avec texte tiré sur papier de luxe fabriqué spécialement pour cet ouvrage à l'Usine de Rioupéroux. Phototypies sur papier des Papeteries du Marais et Eaux-Fortes sur papier à la forme, numérotés de 70 à 590.*

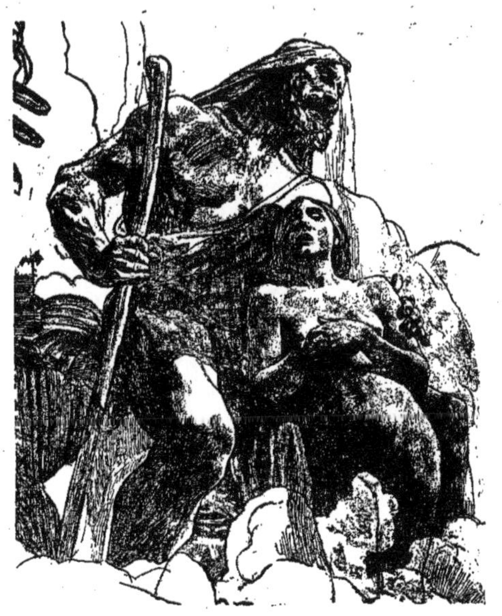

L'ŒUVRE
DE
J.-P. LAURENS

OUVRAGE CONTENANT
DE NOMBREUSES REPRODUCTIONS
D'ŒUVRES DE CET ARTISTE
EAUX FORTES, PHOTOTYPIES, ETC.
PUBLIÉ SOUS LA DIRECTION
DE
F. THIOLLIER

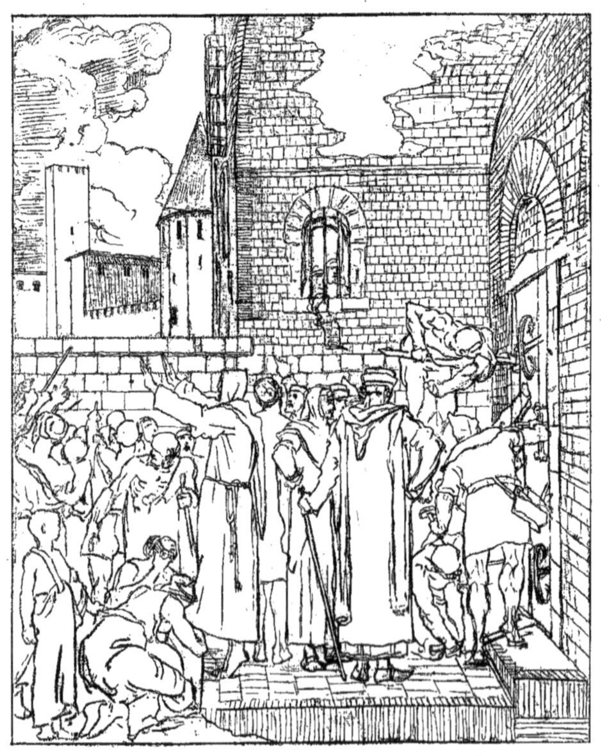

IMPRIMERIE THÉOLIER - J. THOMAS & CIE
12, RUE GÉRENTET, 12
SAINT-ÉTIENNE

NOMS DE MESSIEURS LES ARTISTES, ÉDITEURS OU PHOTOGRAPHES POSSESSEURS DE DIVERS DOCUMENTS REPRODUITS DANS CET OUVRAGE

Il nous eût été difficile de photographier directement un certain nombre d'œuvres de M. J.-P. LAURENS. Nous sommes d'autant plus reconnaissants à MM. les Artistes, Editeurs ou Photographes qui ont bien voulu nous accorder l'autorisation de reproduire des documents qui sont en leur possession. Nous espérons, en outre, que la désignation de leurs noms permettra à plusieurs de nos souscripteurs de se procurer, dans un format plus grand que celui de cet ouvrage, certaines œuvres qui les intéresseront d'une façon spéciale.

Les planches ou figures contenues dans le texte sont toutes des reproductions directes de dessins de M. J.-P. Laurens. Nous indiquons ci-dessous quelques-unes des planches ou figures hors texte que nous n'avons pas reproduites directement.

b.	Portrait de J.-P. Laurens, reproduction d'une peinture de.			M. ALBERT LAURENS.
d.	Le Duc d'Enghien,	—	eau-forte de.	M. TEYSONNIERES.
e.	La Liseuse,	—	— de.	M. LAMBERT.
m.	François de Borgia,	—	héliogravure.	MM. GOUPIL & Cie.
y.	Marceau,	—	—	Editeurs. (MANZI, JOYANT et Cie, Succrs).
bf.	La Petite de Bonchamps,	—	—	24, rue des Capucines, Paris.
z.	Le Pape Formose,	—	photographie.	—
n.	Griselda,	—	—	MM. BRAUN,
r.	Les Rois catholiques,	—	—	CLÉMENT & Cie,
v.	L'Interrogatoire,	—	—	Editeurs, 18, rue Louis-le-Grand, Paris.
ai.	Saint Bruno,	—	—	—
aj.	Le Guet-Apens,	—	—	—
bd.	Le Pape et l'Empereur,	—	—	—
bc.	Les Otages,	—	—	—
bp.	Luther et ses disciples,	—	—	—
bq.	Le Président Goy,	—	—	—
*br**.	L'Agitateur du Languedoc,	—	—	—
*bs**.	Le grand Inquisiteur,	—	—	—
s.	L'Alchimiste,	—	—	M. COUZI
x.	La Piscine de Béthesda,	—	—	(Toulouse).
u.	Saint Jean Chrysostôme,	—	—	—
ak.	Les Funérailles de Clotaire,	—	dessin de J.-P. Laurens.	MM. HACHETTE & Cie.
al.	Le Banquet de Sigibert	—	—	Editeurs, Paris.
am.	Décoration du Panthéon,	—	gravure de...	M. L. FLAMENG
ay.	La Distribution des Chartes,	—	photographie.	M. BERTHAUD
az.	La Répression des Maillotins,	—	—	31, rue Bellefont, Paris.
ba.	Anne Dubourg,	—	—	—
bb.	Broussel,	—	—	—
bc.	La Voûte d'acier,	—	—	—
bg.	Le Tournoi,	—	—	M. J. LEROY,
*bo**.	La Glorification de Colbert,	—	—	55, rue du Fbg-Poissonnière, Paris.
bu.	Détail du sujet précédent,	—	—	—
bx.	—	—	—	—
*bp**.	Jeanne d'Arc,	—	—	—
cd.	Les Mineurs,	—	—	—
bh.	Le Pape,	—	d'eaux-fortes	M. MOTTEROZ & Cie,
	de J.-P. Laurens.			Editeurs, 7, rue Saint-Benoît, Paris,

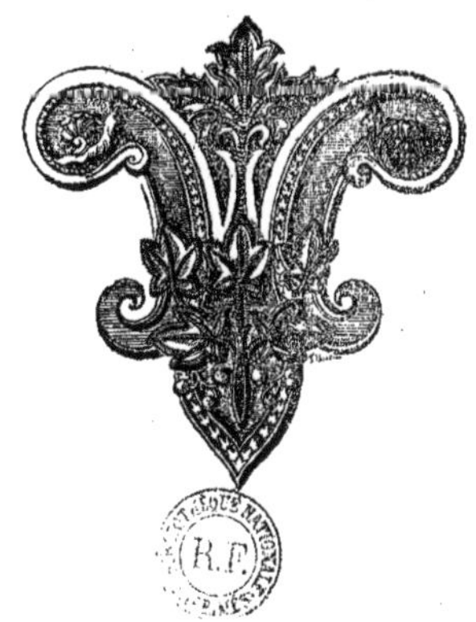

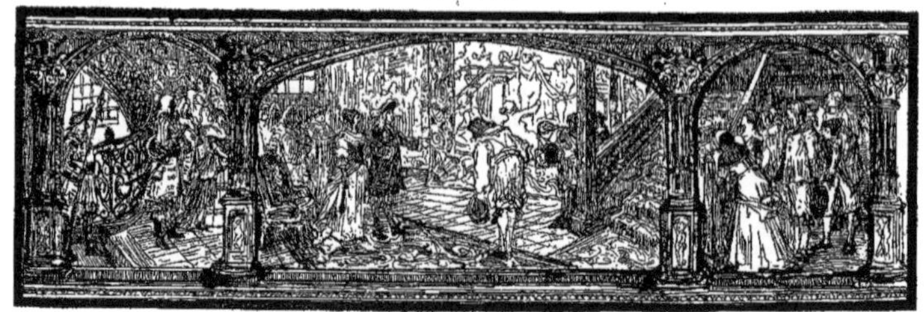

1. — Louis XIV visite les Gobelins.

L'ŒUVRE
DE
J.-P. LAURENS

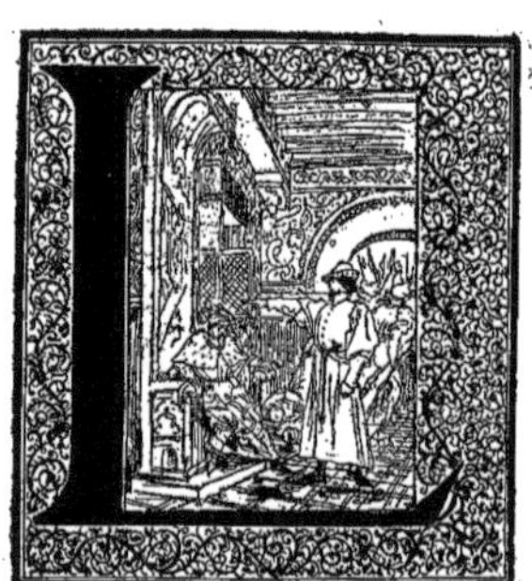

L'ouvrage que nous publions, dédié aux élèves de Jean-Paul Laurens, est dû à leur insistance. Comme l'auteur de cette publication, ils savent que le public pourra dire avec quelque raison : pourquoi reproduire à nouveau des œuvres connues de tous ceux qui s'intéressent aux arts ? Un grand nombre d'elles ont été vulgarisées par les journaux illustrés lorsqu'elles n'ont pas été gravées par des artistes de valeur... Oui, a-t-on ajouté, beaucoup de tableaux du maître ont en effet été reproduits d'une manière plus ou moins parfaite, mais il n'a pu surveiller lui-même toutes ces reproductions qui, exécutées en formats divers, n'ont jamais été réunies en assez grand nombre. En outre, il a été publié peu de croquis, dessins ou premiers projets, ce qui intéresse parfois les artistes autant que des œuvres terminées. Or, celles-ci sont dispersées dans toutes les parties du monde et il faut en conserver le souvenir pendant que la réunion de documents précieux est encore possible. Il n'est pas moins utile que l'ouvrage projeté soit imprimé sur un papier plus résistant que celui désigné sous le nom de *papier couché,* dont on fait usage pour un grand nombre de publications illustrées. Il faut aussi employer un procédé qui ne permette pas les retouches, car les artistes préfèrent toujours les reproductions directes de leurs œuvres à des interprétations. Il faut surtout que le maître puisse donner son avis afin qu'on le suive, excepté dans les cas de force majeure. Ainsi, plusieurs fois, nous avons été heureux de recourir à des graveurs de grand talent qui ont bien voulu nous permettre de reproduire des planches qui avaient reçu l'approbation de M. J.-P. Laurens. Nous

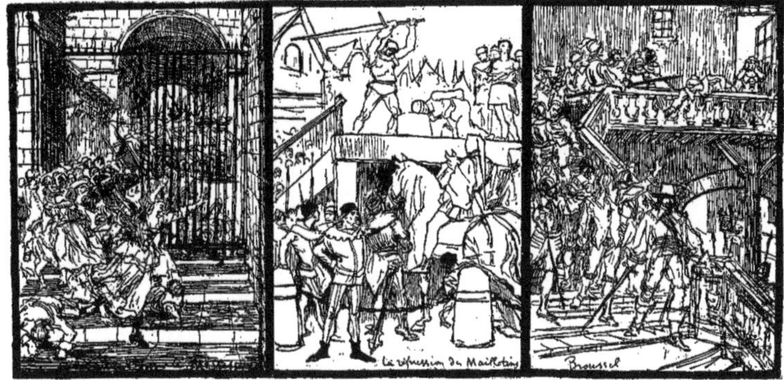

2. — Envahissement des Tuileries. 3. — La Repression des Maillotins. 4. — Arrestation de Broussel.

AVANT-PROJET POUR LA DÉCORATION DE L'HOTEL DE VILLE DE PARIS

prions leurs auteurs d'agréer nos remerciements et nous remercions également tous les collaborateurs qui nous ont aidé dans notre tâche (*).

Si le résultat rêvé n'a pas été atteint, l'auteur dont le nom est inscrit sur le titre de cet ouvrage en est responsable, et cela seul l'a décidé à ne pas garder l'anonyme, car il eût préféré rester à l'écart. Le soin d'éditer cet ouvrage a été confié à un provincial parce que les anciennes relations d'amitié de sa famille avec celle de M. Laurens ont facilité les rapports fréquents, l'échange des idées et permis de suivre des conseils relatifs aux illustrations sans qu'on se soit occupé du texte avant son impression, car on n'y avait jamais attaché une grande importance ; la réputation de l'artiste ayant été créée en grande partie par les critiques d'art et les artistes de la Capitale, — qu'on a l'habitude de respecter — il serait inutile et peut-être ridicule de montrer trop d'exubérence et de ne pas effacer sa personnalité. Si quelques renseignements sommaires ont paru utiles, nous croyons au contraire que les longues descriptions doivent être considérées comme chose secondaire. Un véritable artiste ne travaille jamais sans être ému, et cette émotion se communique sans qu'il soit nécessaire d'ajouter des commentaires. La mode peut changer, mais l'œuvre reste la même. On a connu bien des personnages qui sifflaient Wagner, Beethoven et Berlioz ; d'autres qui haussaient les épaules lorsqu'on louait Corot ou Delacroix. Aujourd'hui, ils se taisent ou applaudissent avec la majorité du public.

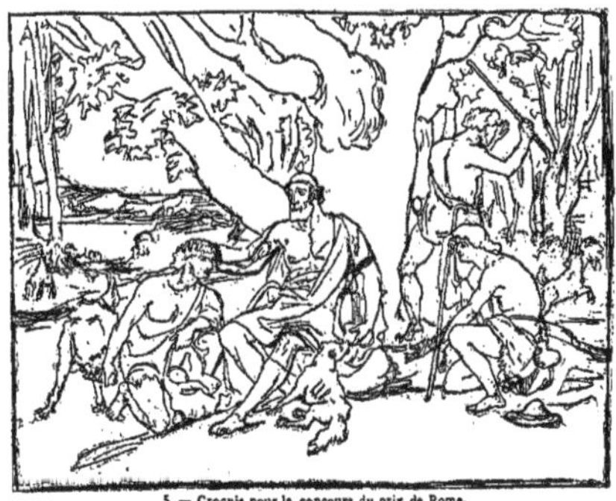

5. — Croquis pour le concours du prix de Rome.

D'accord avec plusieurs élèves du maître, on espère que ce travail ne sera pas inutile et fera plaisir à quelques artistes, sans ignorer que la plupart des acheteurs de livres n'apprécieront peut-être guère les gravures représentant des détails, tels que : croquis de mains, pieds, torses non surmontés de têtes, etc., et admettront encore moins que certains projets exécutés en peu de temps occupent une place plus importante que des œuvres terminées.

(*) Nous citons, autre part, les noms des personnes qui ont bien voulu accorder le droit de reproduire des documents dont la propriété leur appartient. D'ailleurs, tous ces documents : Gravures, photographies exécutées d'aprés des décorations, ou des tableaux que nous n'avons pas reproduits nous-mêmes ont été fournis par M. J.-P. Laurens et publiés sous sa responsabilité.

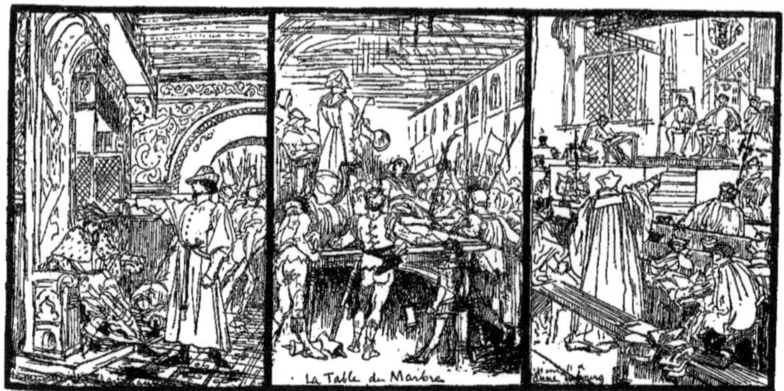

6. — Les Maillotins. 7. — La Table de marbre. 8. — Anne Dubourg.

AVANT-PROJET POUR LA DÉCORATION DE L'HOTEL DE VILLE DE PARIS

Les élèves et amis du maître auxquels nous nous adressons spécialement l'admirent et le connaissent, il n'est donc pas indispensable d'en publier une longue biographie; d'autant plus qu'il est possible de lire dans le *Roman d'un Peintre*, de Ferdinand FABRE, beaucoup de détails inutiles à répéter. Cependant, s'il a paru nécessaire d'insister sur la carrière artistique de J.-P. LAURENS, la simple nomenclature des œuvres qu'il a exposées aux Salons de la Société des Artistes Français depuis une quarantaine d'années sera d'une lecture plus suggestive que cette prose. On l'eût encore écourtée sans la nécessité d'encadrer d'intéressants croquis du maître, selon l'usage établi.

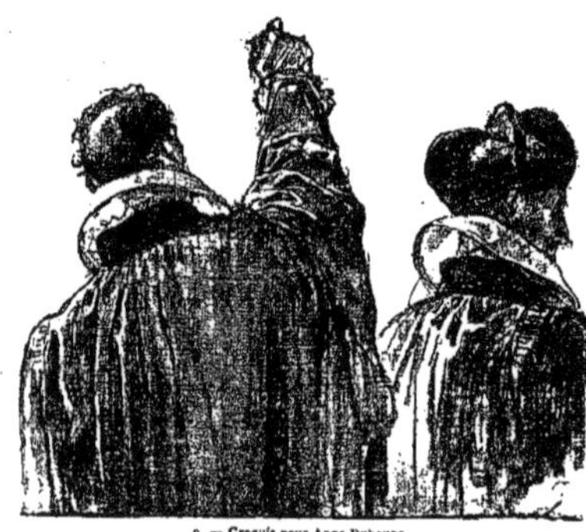

9. — Croquis pour Anne Dubourg.

Etant donnée sa situation, J.-P. LAURENS a une existence modeste, il est ennemi du cabotinage et de la réclame. Que restera-t-il de son bagage si considérable?. Ce qui semble militer en sa faveur, en attendant le jugement de la postérité, c'est son souverain dédain pour les réputations de commande, et pour ces *génies* qui pullulent et disparaissent. Il l'a exprimé lui-même dans je ne sais quel discours prononcé devant les élèves de l'Ecole de Toulouse. « Des hommes de « génie, il y en a trop; essayons seulement « d'avoir du talent et l'avenir nous jugera « sans pitié ni colère. »

Il ne doit pas redouter ce jugement, ainsi que l'affirmait dernièrement un jeune artiste qui cependant est loin de partager toutes ses idées en matière d'art. « Ce qu'il y a de « remarquable en J.-P. LAURENS, outre son incontestable talent, c'est son travail persistant et sa « probité artistique parfaite. Au lieu de se complaire dans un genre, après avoir obtenu un « succès légitime, il cherche avant tout des émotions sincères et mépriserait le succès s'il lui arrivait « par des procédés suspects; jamais il n'attendrait la visite d'un marchand pour prendre une décision « ou commencer un tableau. »

J.-P. LAURENS éprouve de grandes satisfactions avec sa famille; ses deux fils ont suivi la carrière artistique; il a toujours eu des amis fidèles; les succès et les honneurs lui sont parvenus; il travaille avec entrain et plaisir dans son clair atelier de la rue Cassini, dans celui qu'il s'est fait construire près des bords de la mer, à Yport, et aussi dans celui de la rue de l'Université, réservé à

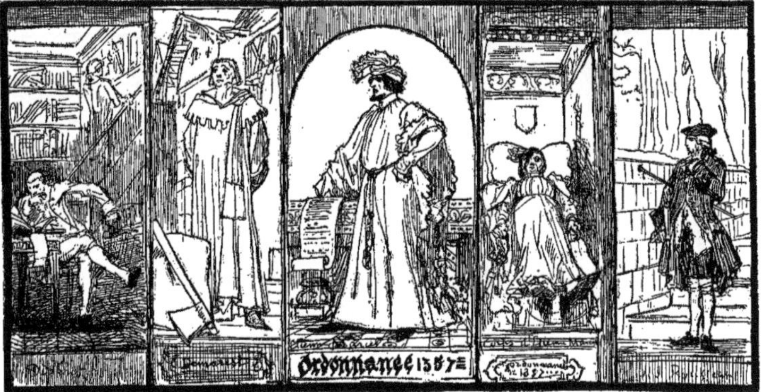

10. — Diderot. 11. — Desmarest. 12. — Etienne Marcel. 13. — Corps d'Etienne Marcel. 14. — J.-J. Rousseau.

AVANT-PROJETS POUR LA DÉCORATION DE L'HOTEL DE VILLE DE PARIS

ses grandes compositions ; il adore la musique et d'éminents artistes sont toujours disposés à lui faire entendre les œuvres des maîtres. Il serait donc complètement heureux s'il était possible de l'être sur terre. L'existence pénible qu'il supporta avec courage au commencement de sa carrière n'a rien enlevé à la beauté de son caractère gai, bienveillant et bon, malgré quelques apparences contraires. Ses élèves l'estiment et le respectent. Plusieurs d'entre eux sont célèbres et ont remporté les plus grands succès...

Né à Fourquevaux en 1838, il quitta rarement ce village pendant son enfance ; mais la ville de Toulouse est voisine ; de tout temps l'art et les artistes y occupèrent une place d'honneur. Il fut privé de sa mère vers l'âge de huit ans ; son père, homme parfait, s'occupa de lui avec bonté et intelligence, surveilla son éducation, et, lorsque son goût pour le dessin se manifesta, il eut toute liberté pour suivre sa destinée.

Son premier maître fut un Piémontais nommé Pédoya. Il était venu à Fourquevaux pour décorer l'église du village et parcourait la France avec ses aides afin de chercher d'autres travaux. C'était un homme terrible qui exigeait une grande somme de travail de ses élèves. Il les traitait durement et, à force d'être surmené, Jean-Paul tomba malade. Après sa guérison, il se fixa à Toulouse, entra dans la classe de M. Denis et ensuite dans celle de M. Willemsens, professeur de ronde-bosse à l'école des Beaux-Arts.

M. Willemsens s'intéressa vivement à lui. Il mourut avant d'avoir connu les succès de son élève qui épousa sa fille en 1869.

En dehors des cours, J.-P Laurens cherchait à utiliser son temps et répara beaucoup de portraits d'*ancêtres*, chose abondante dans ce pays aristocratique. Il obtint le prix de la ville de Toulouse consistant en une pension destinée à permettre au meilleur élève de l'Ecole de continuer ses études à Paris.

15. — Croquis pour la Voûte d'Acier.
A L'HOTEL DE VILLE DE PARIS

Il eut comme maître Léon Cogniet, pendant un certain nombre d'années, exécuta ses premiers tableaux dans l'atelier de son professeur et aussi dans sa modeste chambre de la rue de l'Ouest

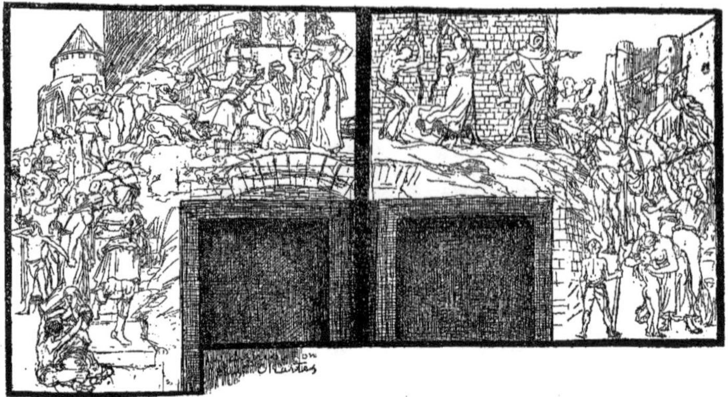

16. — Distribution des Chartes. 17. — Le Tocsin de l'Insurrection.
AVANT-PROJET POUR LA DÉCORATION DE L'HOTEL DE VILLE DE PARIS

(aujourd'hui rue d'Assas); il concourut pour le prix de Rome et ne l'obtint pas. Malgré les conseils de son maître, il ne se présenta plus et fit plus tard un voyage en Italie dont il profita pleinement.

Ses progrès furent rapides à Paris. Il s'y fixa vers l'âge de vingt ans, et cinq années plus tard il exposait son premier tableau intitulé : *La mort de Caton d'Utique*. Dans sa chambre de la rue de l'Ouest, il termina d'autres tableaux qui confirmèrent sa réputation, entre autres : *La mort de Tibère*, *Hamlet* et *Salomé*. Il s'installa ensuite rue de Chabrol dans un local plus confortable, envoya au Salon *Jésus guérissant les démoniaques*. Ce tableau qui lui valut une médaille fut acheté par l'Etat et offert à une ville du midi.

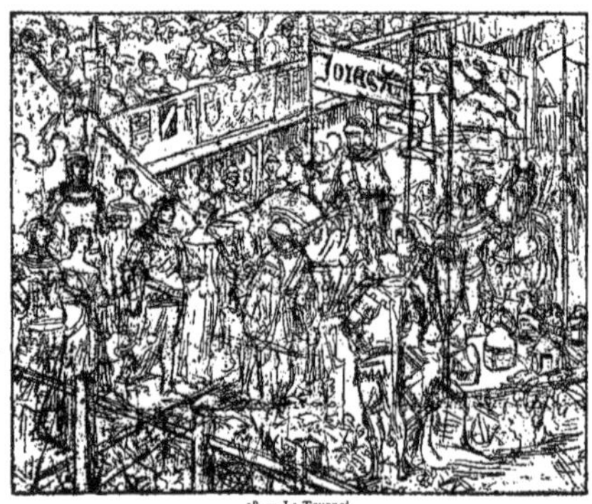

18. — Le Tournoi.

Après son mariage, il s'établit dans un appartement de la rue Taranne où il exécuta des tableaux qui le rendirent célèbre, tels que : *Jésus chassé de la Synagogue*, exposé en 1870.

En 1872, *Le pape Formose* et *La mort du duc d'Enghien* obtinrent un très grand succès. Le public, habitué aux scènes romantiques ou théâtrales qu'on mettait sous ses yeux, admira sans hésitation ces deux sujets simples et impressionnants peints avec une grande sûreté et révélant une personnalité qui n'avait aucun rapport avec celle des artistes célèbres de cette époque, y compris Delacroix que Jean-Paul LAURENS admira beaucoup sans jamais chercher à l'imiter.

En 1874, on remarqua également *La piscine de Bethesda ;* en 1876, cette œuvre supérieure si personnelle intitulée *Saint François de Borgia devant le cercueil d'Isabelle de Portugal*.

Le tableau fut gravé plusieurs fois et les journaux du temps en firent un grand éloge. On remarqua l'originalité de la composition, la beauté de la couleur, la qualité des blancs et des noirs, le soin scrupuleux avec lequel tous les détails sont étudiés ; les cierges, brûle-parfum, bijouterie, ornements sacrés ; surtout cet intérieur de cercueil et le contraste entre le ton cadavéreux de la morte et celui des vêtements somptueux dont elle est revêtue. Après le succès obtenu, beaucoup

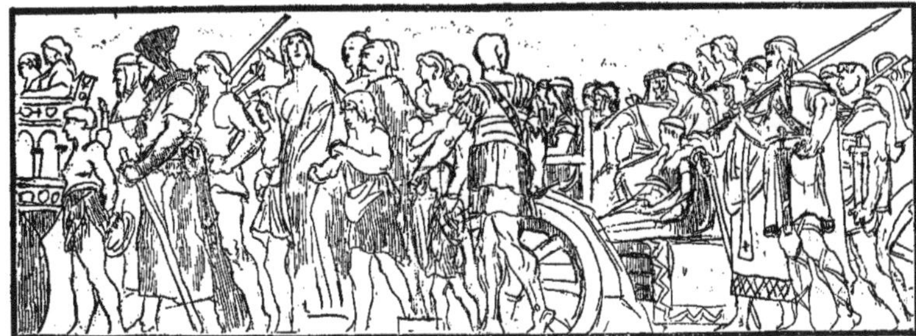

19. — Croquis pour la frise du Panthéon.

d'artistes exprimèrent le désir d'accorder à l'auteur la médaille d'honneur ; mais plusieurs de ses aînés, entre autres Fromentin, s'y opposèrent en déclarant qu'il était encore trop jeune et qu'un retard l'engagerait peut-être à préparer une œuvre plus considérable encore. La prophétie se réalisa et J.-P. LAURENS obtint cette haute récompense l'année suivante avec le tableau intitulé : *L'Etat-major autrichien devant le corps de Marceau.* Il s'établit alors dans un vaste atelier, rue Notre-Dame-des-Champs, y séjourna pendant de longues années et le quitta en 1904 pour occuper un hôtel qu'il a fait construire et meubler selon ses goûts, 5, rue Cassini. De ses fenêtres, il admire avec plaisir les beaux arbres du jardin de l'Observatoire.

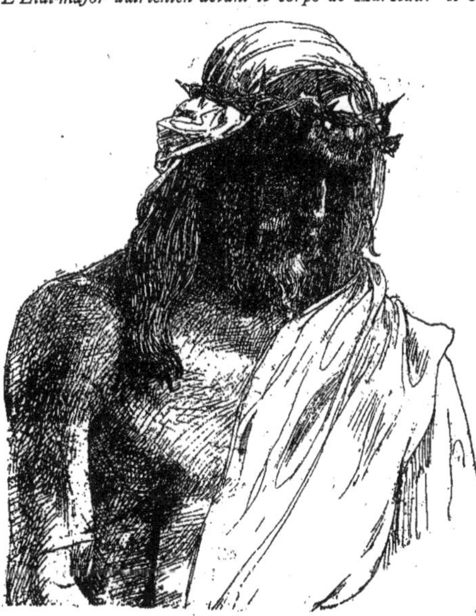

20. — Le Christ.

Depuis plus de trente ans, son talent n'est indifférent à personne, les appréciations sont nombreuses et variées ; on peut le constater le jour de l'ouverture du Salon de la Société des Artistes Français en lisant les journaux ou les revues qui s'occupent d'art. Il est bien rare que le nom de Jean-Paul LAURENS ne soit pas imprimé à la première colonne ou à la première page.

Si nous n'avions pas pris la résolution d'attirer uniquement l'attention de nos lecteurs par des illustrations, il serait facile d'augmenter considérablement le volume de cet ouvrage en transcrivant un certain nombre d'anciens articles. Une exception a été faite à propos de deux d'entre eux relatifs aux dernières œuvres exposées parce qu'ils reflètent notre opinion en style plus coloré que le nôtre.

En dehors de ses tableaux, les artistes et les amateurs ont toujours remarqué avec le plus vif intérêt ses grandes décorations de même que ses remarquables tapisseries, généralement destinées à la manufacture des Gobelins. Elles sont fort bien comprises et ne contiennent aucun détail inutile ; la couleur et l'effet décoratif sont admirables. L'artiste ne cherche à créer aucune difficulté à l'ouvrier ; aussi leur exécution est-elle généralement très réussie. Dans les expositions universelles, on les remarque de loin au milieu de toutes les autres et l'on reconnaît la personnalité de leur auteur. C'est, en grande partie, grâce à lui, que notre manufacture nationale a retrouvé son

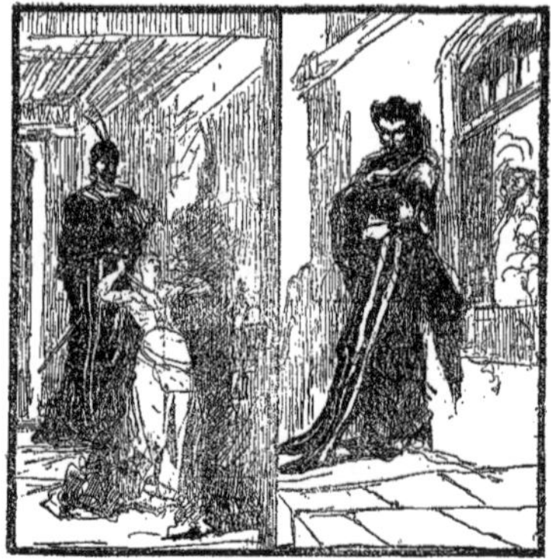

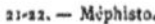

21-22. — Méphisto.

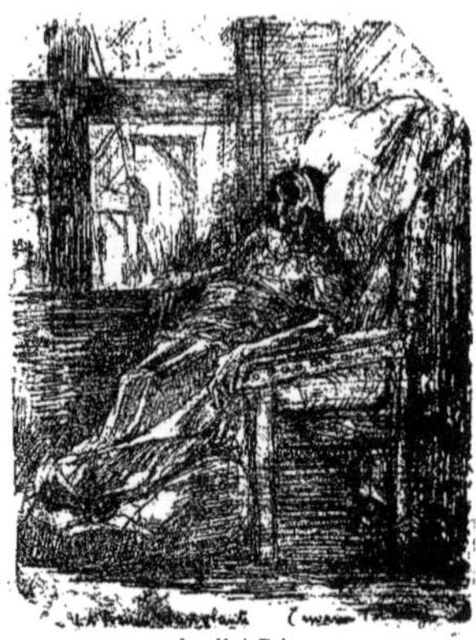

23. — Marie Tudor.

ancienne célébrité. Une de ces tapisseries représente le *Triomphe de Colbert*; elle a 13 mètres de long sur 9 de haut; c'est la plus grande qu'on ait jamais exécutée; nous en avons reproduit des ensembles et de beaux détails.

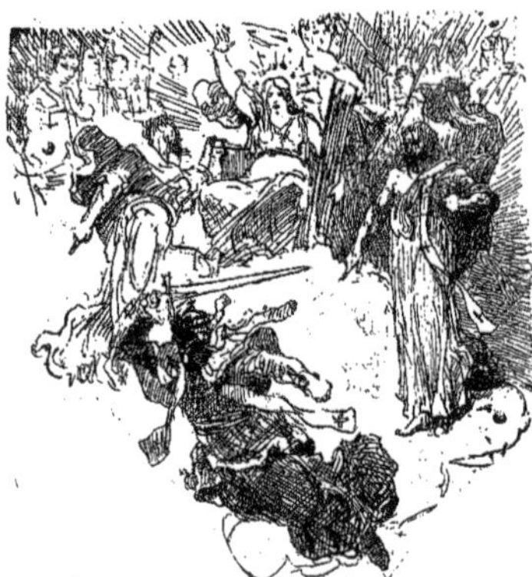

24. — Avant-projet pour un tableau.

Parmi les autres œuvres du même genre, citons la série qui se rapporte à la vie de Jeanne d'Arc, *Hercule délivrant Hésione, Le Tournoi*, etc.

Dans *La Délivrance des Emmurés de Carcassonne, Les Derniers Jours de Maximilien, L'Interdit, Honorius, Le Pape et l'Empereur, Les Hommes du Saint-Office*, etc., le peintre a cédé à sa prédilection pour les sujets dramatiques, sans se préoccuper de la vente de ces grands tableaux qui n'ont jamais été destinés à de coquets et petits appartements, mais qui font honneur aux musées assez heureux pour les posséder.

Les œuvres exposées depuis l'année 1876 prouvent que l'artiste est arrivé à l'apogée de son talent. Sa manière s'est élargie et cependant il ne néglige aucun détail utile. C'est avec une conscience rare qu'il reconstitue la pièce de Fontainebleau où se passa la scène entre *Le Pape et l'Empereur*. Dans la salle où sont assemblés *Les Hommes du Saint-Office* pénètre une lumière claire, douce et *vraie* obtenue sans artifice. On songe souvent à ce tableau lorsqu'on constate l'engouement du public pour des imitations inférieures.

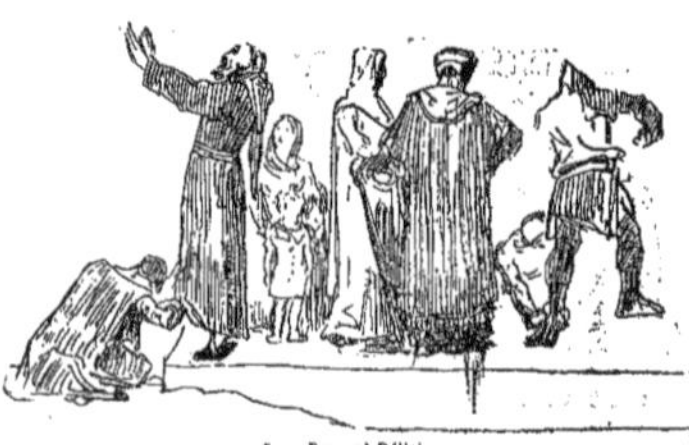

25. — Bernard Délicieux.

Pendant que Puvis de Chavannes décorait une partie de la nef du Panthéon, une grande

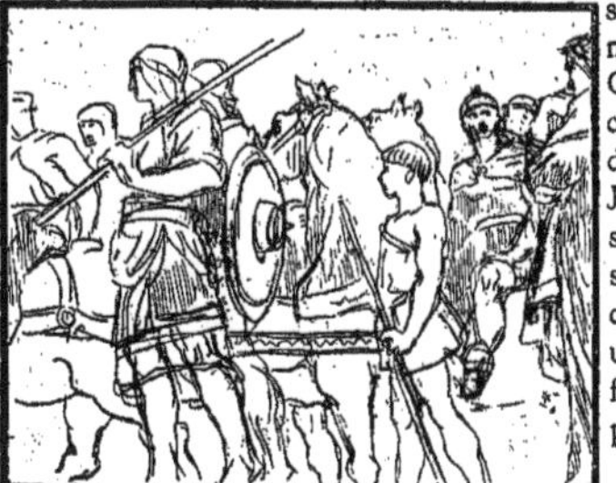

26. — Frise du Panthéon.

surface fut réservée à J.-P. LAURENS dans l'abside du même monument. Ces peintures, relatives à sainte Geneviève, font le plus grand honneur à l'art français; chacun des deux artistes a pu développer à son gré des qualités personnelles. Dans trois grands panneaux, J.-P. LAURENS représente les derniers moments de la sainte, entourée de ceux qui l'ont vénérée. Les figures sont nombreuses, la composition puissante, les costumes variés, la couleur vibrante et forte. Dans un quatrième panneau, on voit son apothéose. Une frise d'un très beau caractère surmonte les sujets principaux.

Le tableau intitulé *Les Derniers Moments de Maximilien* est l'un des plus émouvants; mais comment un artiste secondaire eût-il pu tirer parti d'un pareil sujet ? Un prêtre en soutane noire pleure à côté d'un empereur en redingote, pendant que des soldats coiffés d'immenses chapeaux attendent pour le mettre à mort. Quel sentiment profond il faut avoir pour provoquer l'émotion et même l'enthousiasme avec une pareille donnée et ne pas tomber dans le mélodrame. Quel talent pour faire admirer le coloriste et le peintre de *costumes*, tandis que des sculpteurs célèbres réussissent bien rarement à faire admirer les *redingotes* de leurs héros; et cependant, celles-ci ne sont pas noires !

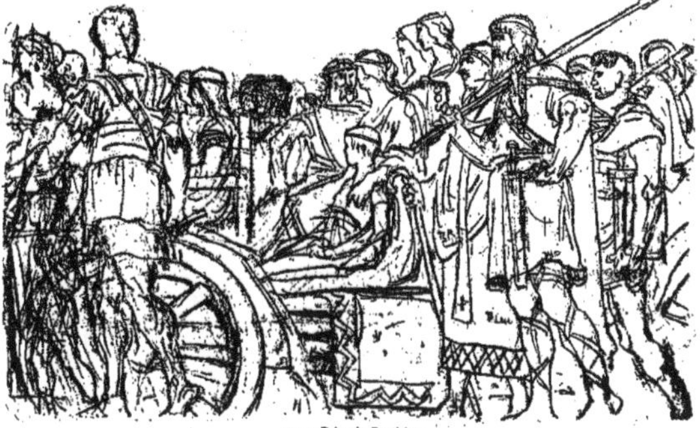

27. — Frise du Panthéon.

L'*Interdit* est également impressionnant : un cadavre abandonné devant la porte d'une église attend sa sépulture; c'est tout. D'après un premier projet reproduit plus loin, l'artiste voulait donner à ce sujet un grand développement. De nombreux personnages entouraient l'église. C'est après de longues réflexions que la scène s'est modifiée. Le but désiré a été atteint avec une composition d'une extrême simplicité.

La décoration d'une salle entière de l'Hôtel de Ville de Paris lui a été confiée. Elle comprend cinq grands panneaux représentant les scènes dramatiques qui accompagnèrent la conquête de la liberté et l'affranchissement des communes depuis le moyen âge jusqu'à Louis XVI. En admirant la belle harmonie et la richesse de ces décorations, en les comparant à celles de plusieurs salles voisines, on reconnaît qu'il est toujours préférable, lorsque la chose est possible, de confier au même artiste une décoration d'ensemble plutôt qu'un détail.

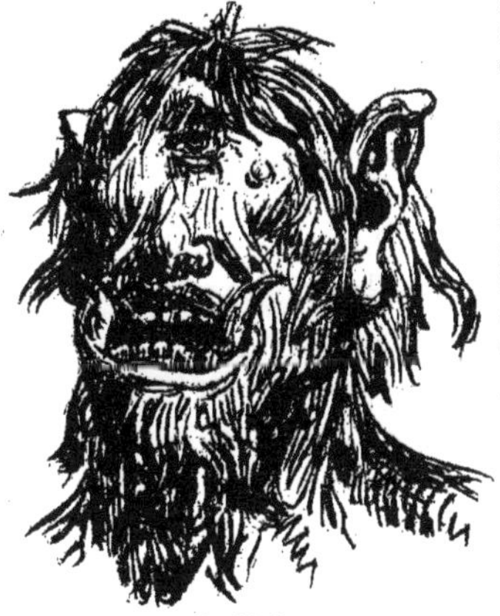

28. — Polyphème.

On lui demanda, pour le palais de la Légion d'honneur, un grand plafond « Napoléon Ier distribuant des croix ». Pareil sujet ferait bonne figure au milieu des peintures de Versailles.

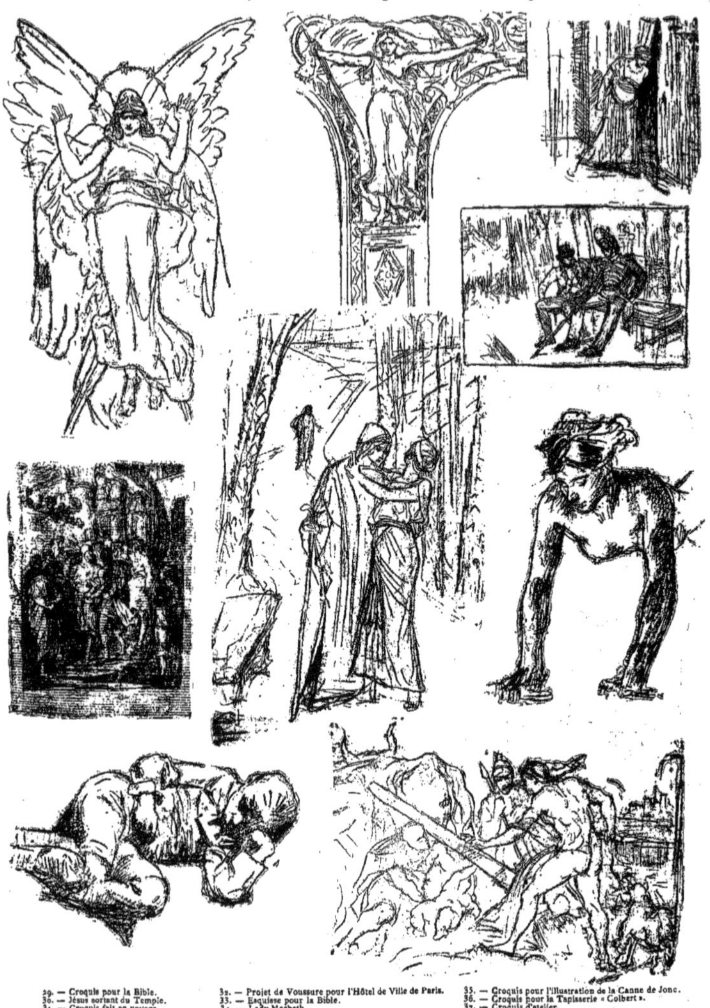

29. — Croquis pour la Bible.
30. — Jésus sortant du Temple.
31. — Croquis fait en voyage.
32. — Projet de Voussure pour l'Hôtel de Ville de Paris.
33. — Esquisse pour la Bible.
34. — Lady Macbeth.
35. — Croquis pour l'illustration de la Canne de Jonc.
36. — Croquis pour la Tapisserie « Colbert ».
37. — Croquis d'atelier.

Les compositions destinées à la salle du Capitole, à Toulouse, y occupent une place importante ; dans la *Muraille*, il a indiqué la construction des remparts de Toulouse par toute la population de cette ville.

Le maître a voulu sortir de son genre habituel en peignant *Le Lauraguais*, immense tableau très remarqué au Salon de 1897.

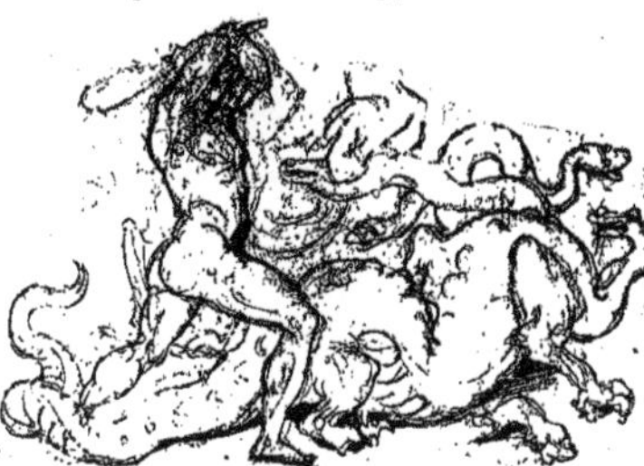

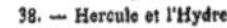

38. — Hercule et l'Hydre.

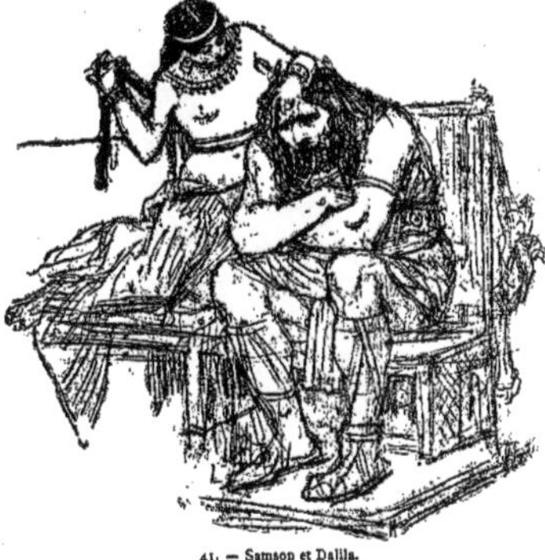

41. — Samson et Dalila.

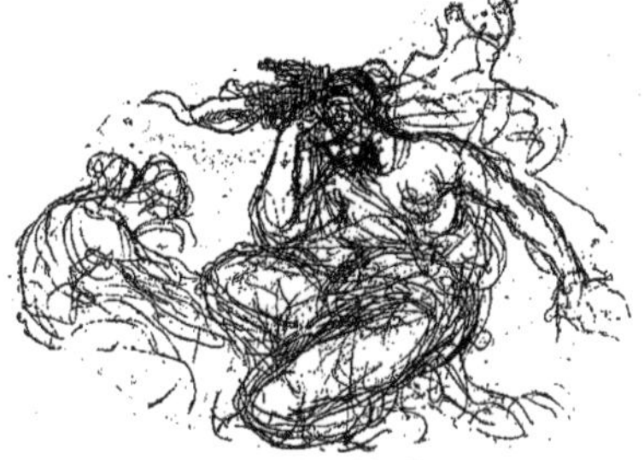

39. — Croquis pour le Panthéon.

Il a exprimé dans un grand et noble paysage la reprise du sol par les laboureurs après les dévastations dont cette région eut à souffrir. La couleur et le caractère du pays sont bien observés, l'effet décoratif pleinement réalisé.

Dans le plafond de la même salle, on voit, au milieu d'une nuée, la lutte du lion de Montfort contre l'agneau de Toulouse et la chute du lion. C'est une magnifique allégorie.

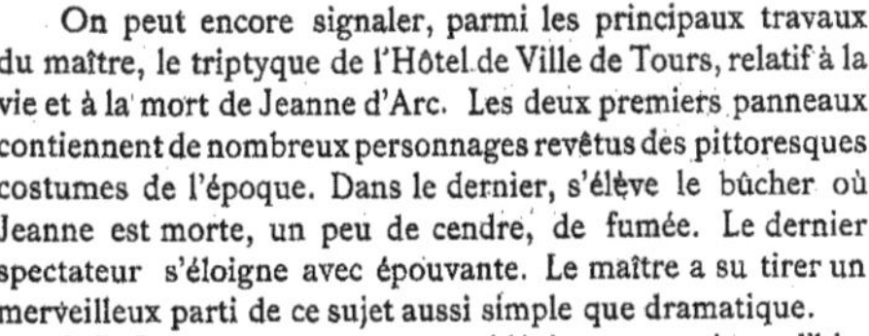

On peut encore signaler, parmi les principaux travaux du maître, le triptyque de l'Hôtel de Ville de Tours, relatif à la vie et à la mort de Jeanne d'Arc. Les deux premiers panneaux contiennent de nombreux personnages revêtus des pittoresques costumes de l'époque. Dans le dernier, s'élève le bûcher où Jeanne est morte, un peu de cendre, de fumée. Le dernier spectateur s'éloigne avec épouvante. Le maître a su tirer un merveilleux parti de ce sujet aussi simple que dramatique.

J.-P. Laurens est surtout considéré comme peintre d'histoire, ce qui ne l'empêche pas d'être bon paysagiste. Ceux qui ne connaissent pas ses études d'après nature peuvent le constater dans un de ses derniers tableaux ayant pour titre le *Désastre*. En dehors des figures, existe un paysage grandiose, harmonieux, solidement établi. Au premier plan, de superbes terrains sont éclairés par une lune brillante entourée de nuages d'une rare fluidité. D'ailleurs, nous laissons la place à M. Tarbel qui a écrit les lignes suivantes dans *La Patrie* (n° du 24 mai 1905) :

40. — Othello.

« Contemplez le *Désastre* de J.-P. Laurens et vous me « direz ce qui distingue une œuvre d'art d'une toile faite à l'usage du Salon. Le tableau de « M. Laurens est peint tout entier dans une pâte grasse, épaisse, souple et riche. La composition « est étonnamment solide ; vous ne pourriez pas approcher ou éloigner le cadre d'un pouce « sous peine d'enlever à l'œuvre son caractère ; le dessin est assuré ; sur de pareils dessous, « quand on est le maître de sa palette, on peut jeter brutalement la touche, sans fignoler et

« s'embarrasser des minuties ; grâce au procédé alerte et vigoureux, au contraire, aucun détail, « par un excès de finesse dans l'exécution, n'amoindrira l'unité de l'œuvre.

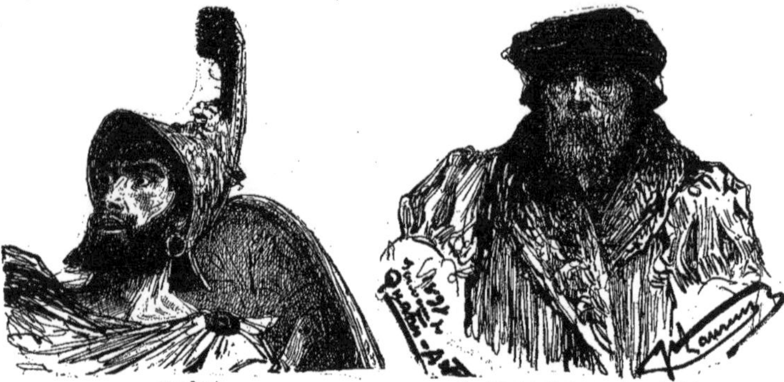

42. — Croquis.

43. — Souvenir des Quat'z Arts. — Costume de l'Artiste.

« Etudiez le dessin du ciel précis, voulu ; dans tout le Salon trouverez-vous un ciel ainsi « observé et construit ? sentez la justesse des rapports entre le blanc de la lune, les bleus de sa « lumière sur les nuages, les blonds de la « plaine, les violets du fossé Saint-Jean et « des cadavres ; sentez la rareté de cette « clarté lunaire, de ces reflets dans la nuée, « l'infinie variété des ors mauves et discrets, « des gris vaporeux sur la plaine désolée, « tous ces indices d'un œil infiniment subtil ; « goûtez le soin admirable qui a caressé les « grandes falaises du fond, au delà des « fumées tourbillonnantes, et a posé ce « clocher de village en argent qu'on ne voit « point tout d'abord et qui scintille au « fond, seul debout dans cette immensité « ravagée. Les ombres sont démesurées, « découpées par l'implacable lumière, qui « se heurte à la cicatrice d'un arbre, au « reflet d'une cuirasse ; le silence descend « sur ces champs d'agonie, la paix sinistre « de la mort s'écrase, et l'œil suit avec « angoisse l'impérial cavalier qui s'éloigne « comme un fantôme. L'effet est varié, « complet et poignant ; il absorbe l'âme et « ne s'oublie pas. »

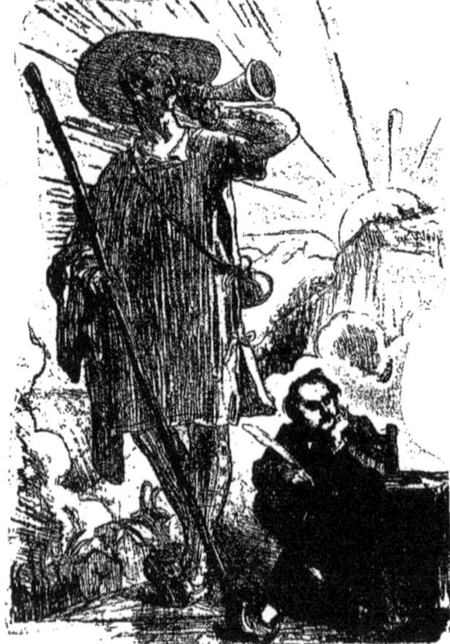

44. — Le Chevrier et Ferdinand Fabre.

Nous avons dit que pour avoir une idée approximative de la tâche accomplie par J.-P. Laurens, on devrait parcourir la liste de ses envois aux Salons ; cependant, bien d'autres travaux ont été exécutés par lui. Si beaucoup de ces compositions ne sont pas spécialement destinées à égayer les gens du monde, on est forcé d'admirer son imagination féconde qui lui permet de modifier son genre sans être jamais inférieur à lui-même ; son dessin est impeccable. Avant tout, il cherche le caractère. Sa palette est riche sans qu'il veuille la compliquer. Il peint sans avoir recours à des artifices, et cependant il obtient parfois des délicatesses inconnues aux *malins*.

Après avoir esquissé un premier projet de tableau, il multiplie les études et croquis d'après nature.

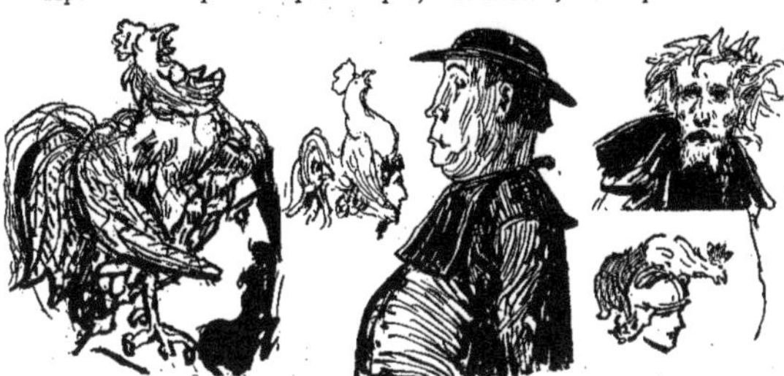

Ainsi, pour son œuvre remarquable intitulée: *Les Mineurs,* nous l'avons vu exécuter d'innombrables dessins; tous lui ont servi, bien qu'il n'eût pas l'intention de portraiturer telle ville ou telle autre, ni de peindre spécialement des mineurs stéphanois. On s'est demandé, à propos de ce tableau, s'il s'agissait d'une grève, d'une sortie de mine, d'un jour de paye, etc. Il n'a rien voulu représenter de particulier, ce tableau est une synthèse et c'est pour cette raison qu'il impressionne aussi vivement.

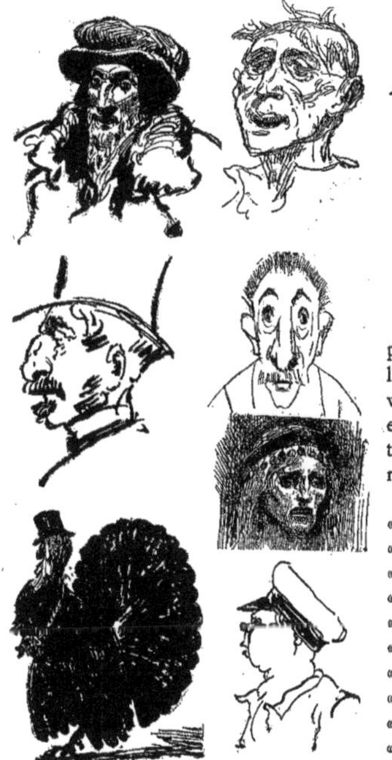

45 à 57. — Croquis divers.

N'obéissant qu'à son goût sévère et à sa probité artistique, J.-P. Laurens n'a jamais cherché, comme bien d'autres artistes, à flatter les goûts d'un certain public, à suivre les sentiers battus en matière de peinture décorative ou autre. Il n'a jamais pensé que la décoration d'une salle destinée à abriter des banquets ou des bals dût nécessairement se composer de nymphes, d'amours ou du cortège *poncif* de l'allégorie banale. Les *Mineurs* ont pu surprendre bien des gens et par le choix du sujet et par l'austérité de la facture. Malgré tout, ils ont obtenu un vrai succès à Paris. Qu'on nous permette de transcrire en partie un des nombreux articles consacrés à ce tableau. (Il a paru dans la *Gazette des Beaux-Arts*, n° du 1er juillet 1904, et signé André Chaumeix.)

« Il y a là deux toiles hors de pair, et si l'on avait « à choisir, peut-être trouverait-on que la plus jeune et « la plus inspirée est celle du vieux maître. C'est un « rare exemple que celui d'un artiste, déjà chargé « d'honneurs et fier d'une carrière considérable, qui ne « se lasse point de chercher et de se renouveler. Le « peintre austère des armures et des pourpoints, « l'amateur des salles royales, l'évocateur du passé de « l'histoire et de la légende a pris cette fois dans la vie « réelle et présente le sujet de son œuvre. Déjà, il y « a sept ans, on l'avait vu se plaire au paysage de son « très beau *Lauraguais*; puis on l'avait vu prendre, « dans les péripéties du 24 février 1848, le thème d'une amusante et vivante esquisse. *Les* « *Mineurs* que M. J.-P. Laurens expose cette année sont une œuvre de profonde poésie. Sur la « route qui vient des mines passent, noires et lassées, d'interminables files d'hommes et de femmes.

« Ils s'en vont après une journée de labeur, fatigués et indifférents au chemin familier. Derrière « eux s'étend la suite panoramique des toits rouges, des cheminées fumantes, des maisons grises « au soir tombant. A l'horizon, cependant, les clartés du soleil qui se couche baignent les collines « violettes et enveloppent d'une beauté presque joyeuse le coin de nature sereine, indifférente à « ceux qui passent sur ce chemin sombre, ignoré d'eux. Nulle violence, nul effet théâtral dans « cette vaste composition ; une extrême simplicité, une scrupuleuse vérité, une magistrale fermeté ; « l'auteur n'a point songé de mettre en peinture telle page de roman réaliste ; il a seulement traduit « son émotion personnelle ; si la composition demeure ample, la peinture ne cesse pas d'être « douce à l'œil, et ce qu'elle a d'épique ne la retient pas d'avoir du charme. »

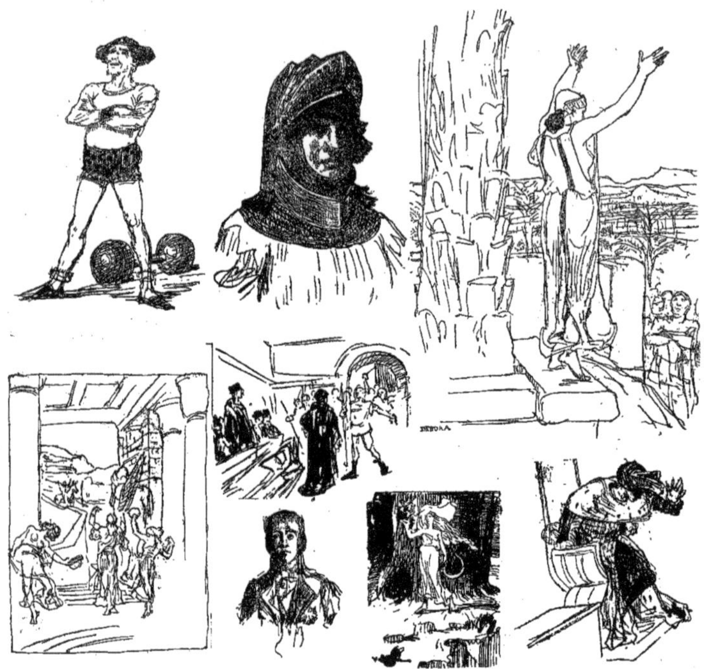

58. — Croquis pris sur une place publique.
59. — Croquis pour la Bible « La Fille de Jephté ».
60. — Pour le Tournoi.
61. — Pour l'Hôtel de Ville de Paris.
62. — Le Duc d'Enghien.
63. — Velléda.
64. — Pour la Bible « Debora ».
65. — Le Dauphin.

Si la peinture lui avait laissé plus de loisirs, Jean-Paul LAURENS eût été un illustrateur et un aquafortiste hors de pair. Les spécimens que nous publions donneront une idée de la sûreté et de la vigueur avec lesquelles il attaque le métal. Les croquis à l'eau-forte qui accompagnent *Le Pape*, poème de Victor Hugo, sont également remarquables.

Mais son œuvre la plus importante consiste dans les quarante-deux compositions destinées à accompagner *Les Récits Mérovingiens*, d'Augustin Thierry. Ceux qui ont pu voir ce magnifique ouvrage édité par la maison Hachette, reconnaissent qu'il renferme des chefs-d'œuvre de l'illustration moderne. Rien ne convenait mieux au tempérament de l'artiste que les sujets traités par lui. Après avoir vu ces gravures, on les a toujours devant les yeux ; impossible de les séparer du texte. La poésie épique de ces compositions relève encore la beauté littéraire des récits.

En dehors des *Récits mérovingiens* et du *Pape*, J.-P. LAURENS a illustré un certain nombre d'ouvrages, tels que l'Imitation de Jésus-Christ, le Pape, la Canne de Jonc, l'Abbé Tigrane, Faust,

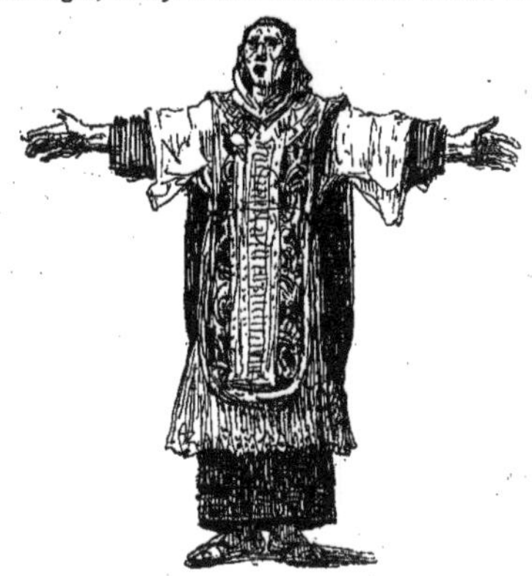

66. — Pour une Illustration.

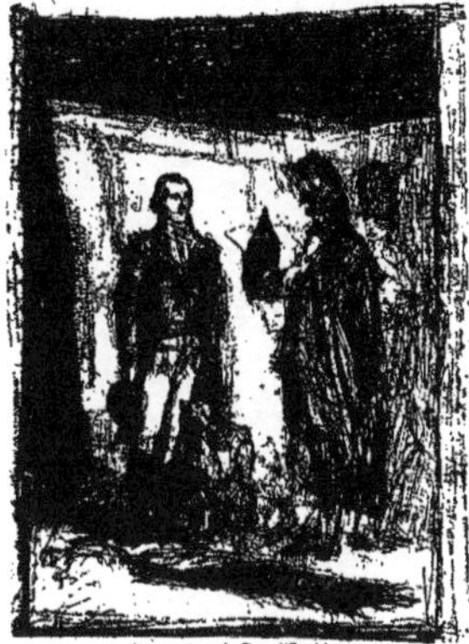

69. — Pour le Duc d'Enghien.

etc. Les reproductions de deux croquis et de quatre dessins appartenant au musée du Luxembourg pourront donner une idée des compositions destinées à ce dernier livre.

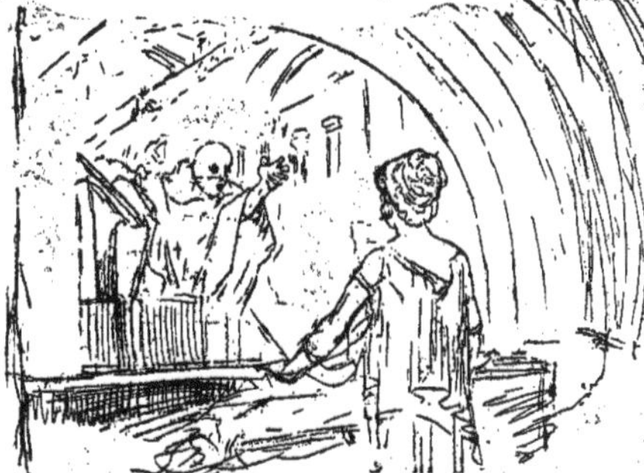

67. — Pour Saint Jean Chrysostôme.

De même que la plupart des peintres qui savent *dessiner*, J.-P. LAURENS est capable de modeler. Aussi, pour un grand nombre des personnages de ses tableaux, tels que Maximilien, le Pape et l'Empereur, etc., a-t-il exécuté en terre les têtes de ses principaux personnages, afin de chercher l'expression définitive; il a modelé également plusieurs médaillons et nous reproduisons l'un d'eux avec plaisir à côté du propre portrait de l'artiste exécuté par le célèbre graveur Chaplain. On sait aussi qu'il est l'auteur du bas-relief surmonté par le buste de Ferdinand Fabre, et nous avons souvent entendu regretter que J.-P. LAURENS n'eût jamais entrepris une œuvre considérable en sculpture.

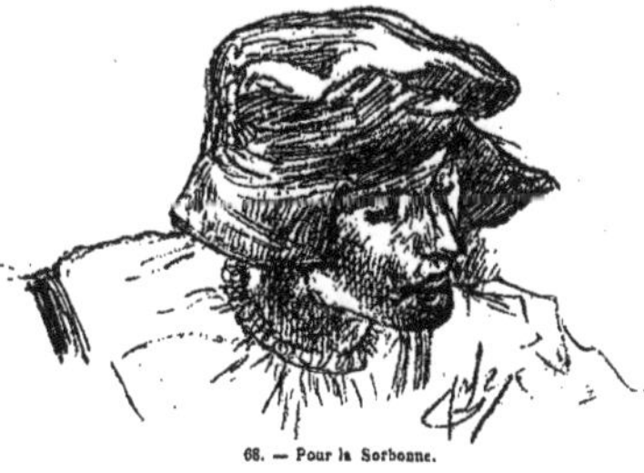

68. — Pour la Sorbonne.

S'il est difficile de suivre les traces d'une certaine quantité de peintures de J.-P. LAURENS, il est fort difficile d'en photographier plusieurs autres. Il ne faut même pas faire exception pour quelques-unes de celles qui appartiennent à la ville de Paris. Ainsi, dans la belle salle de l'Hôtel de Ville, dite salle de J.-P. LAURENS, un immense lustre empêche de voir convenablement plusieurs d'entre elles, et au petit Palais, l'éclairage est parfois déplorable.

Bien que cet ouvrage soit le résultat de recherches assez considérables, il a cependant été impossible de se procurer un certain nombre de documents précieux. Et si nous avons voulu attirer spécialement l'attention sur des œuvres généralement admirées, nous croyons que ce travail pourra être complété, d'autant plus que J.-P. LAURENS, aussi travailleur et aussi enthousiaste que jamais, n'a certainement pas fini sa tâche. Il en a donné récemment des preuves nouvelles. Ainsi, nous sommes heureux de reproduire une esquisse qui est le premier projet d'un tableau destiné à glorifier Beethoven. L'œuvre terminée sera certainement superbe.

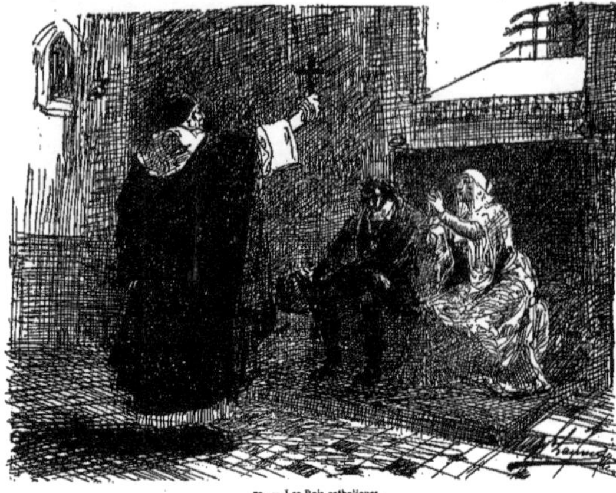

70. — Les Rois catholiques.

Nous avons vu, également en voie d'exécution, quatre compositions destinées au plafond du théâtre de la ville de Castres et qui sont empruntées aux œuvres des principaux tragiques : Eschyle, Sophocle, Racine et Shakespeare. La scène classique du fossoyeur d'Hamlet est traitée avec vigueur, elle impressionne vivement. Jézabel dévorée par les chiens est un morceau hors de pair d'une puissance et d'une originalité qui font penser aux belles œuvres des grands artistes de la Renaissance.

Notre tâche est terminée. Si nous n'avons rien appris de nouveau à nos lecteurs au sujet d'un homme déjà plus connu qu'il ne voudrait l'être, nous espérons cependant qu'ils ne regretteront pas de pouvoir apprécier quelques œuvres inédites dues à l'un des plus éminents artistes de notre époque.

71. — Projet pour le plafond du Théâtre de Castres.

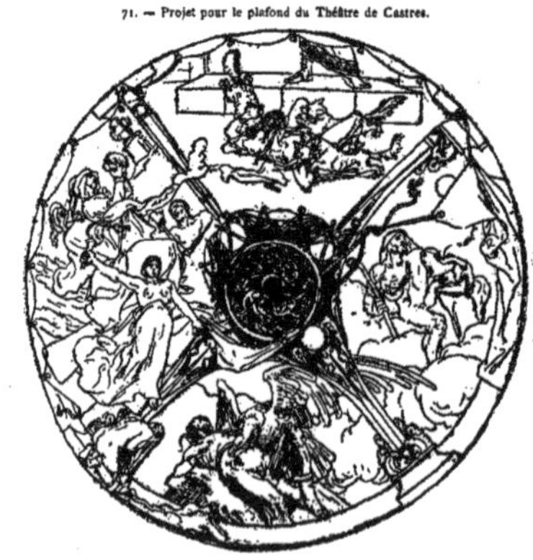

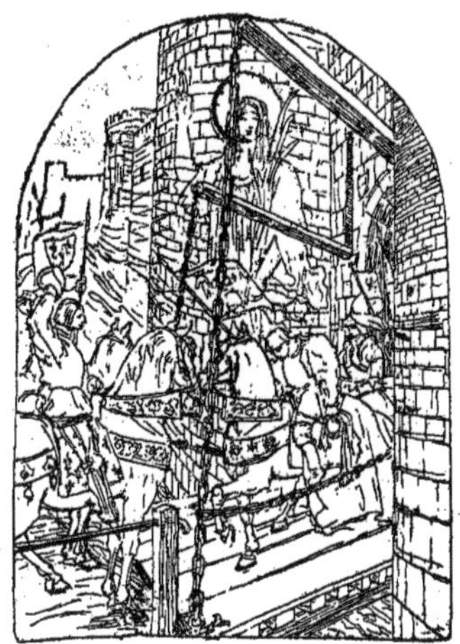

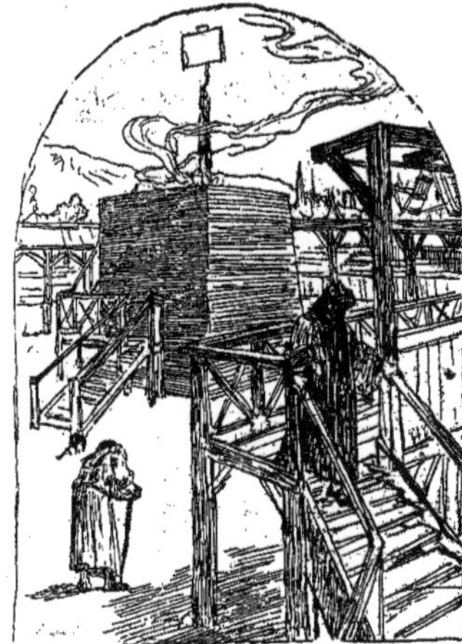

72-73. — Pour la décoration de l'Hôtel de Ville de Tours. — Jeanne d'Arc.

ŒUVRES PRINCIPALES DE J.-P. LAURENS EXPOSÉES POUR LA PLUPART AUX SALONS DE PARIS

1863 Mort de Caton d'Utique. *Musée de Toulouse.*

1864 Mort de Tibère. *Toulouse.*
Caligula, pour arracher l'anneau de Tibère expirant, mais résistant encore, l'étrangle de ses propres mains.

1865 Hamlet. *App. au Marquis de Tapias Portugal.*.

1866 Après le Bal. *Paris.*
Elle est morte à quinze ans, belle, heureuse, adorée, morte au sortir d'un bal. (V. Hugo. — *Orientales.*)

1867 Moriar.
Jésus et l'Ange de la mort.

1868 Vox in deserto. *Musée d'Orléans.*
Portrait de M. Ferdinand Fabre. *App. à Madame Ferdinand Fabre.*
L'Apothéose d'Hercule, faïence.
Agacerie, faïence.

1869 Jésus guérissant un Démoniaque.
Hérodiade et sa Fille.
Vision d'Ezéchiel, dessin. *Paris.*
Dieu lui montre les abominations qui se commettent dans le temple.

1870 Jésus chassé de la Synagogue. *Eglise de Ribeyrac.*
... et il ajouta : En vérité je vous le dis, aucun prophète n'est accueilli dans sa patrie.
(St Luc, évangile, v. 24.)

1872 Mort du Duc d'Enghien. *App. à Madame Fearing. New-York.*
Le Pape Formose. *Musée de Nantes.*
Le corps du pape Formose, exhumé par l'ordre d'Etienne VII son successeur, fut apporté, revêtu des habits sacerdotaux, dans la salle où siégeait le Concile et placé sur le siège pontifical. Puis un avocat fut désigné pour répondre au nom du mort. Alors Etienne, parlant à ce cadavre : Pourquoi, lui dit-il, évêque de Porto, ton ambition s'est-elle élevée jusqu'au trône de Rome ?

1873 La Piscine de Bethesda, à Jérusalem. *Musée de Toulouse.*
Et le premier qui descendait dans la piscine après le mouvement de l'eau, était guéri.

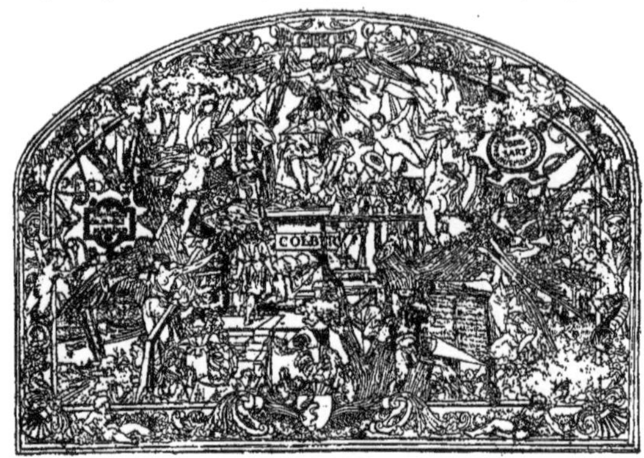

74. — Esquisse pour la glorification de Colbert.

1874 Saint Bruno refusant les offrandes de Roger, Comte de Calabre. *Musée de la ville de Paris.*
Portrait de Marthe, *App. à M. Comte, à Paris.*
Le Cardinal. *App. à M. Arnauldet, actuellement chez M. Pingard.*

1875 L'Excommunication de Robert-le-Pieux. *Musée du Luxembourg.*
Le roi de France Robert épousa sa parente ; les époux furent excommuniés pour ce crime par les évêques. (F. Damien.)

1875 L'Interdit. *Musée du Havre.*
Quel horrible, quel affreux spectacle dans toutes les villes ! Les portes des églises fermées, leur accès interdit aux chrétiens comme à des chiens, les offices divins suspendus, les sacrements interrompus, le peuple ne venant plus aux fêtes des saints, les cadavres privés de sépulture chrétienne et leur odeur infectant l'air, et leur horrible aspect remplissant de terreur l'esprit des vivants.
(R. de Coggeshole, Chronique du XIe siècle.)

Portrait de Mme D...

1876 François de Borgia devant le cercueil d'Isabelle de Portugal.
François de Borgia fut chargé par l'empereur Charles-Quint d'accompagner à Grenade le corps d'Isabelle.
Après la solennité des funérailles, il fit ouvrir le cercueil, afin de reconnaître le cadavre de sa souveraine défunte. A la vue de ce visage autrefois plein d'attraits, aujourd'hui défiguré...
(Vie des Saints.)
Acheté par un Américain, fit ensuite partie de la collection Coquelin et appartient actuellement à M. T..., à Saint-Etienne (Loire).

Portrait de l'Auteur. *Musée des Offices. Florence.*

Notre-Seigneur Jésus-Christ. L'Auteur de l'Imitation de Jésus-Christ en extase. Hildebrand et Brunon, évêque de Toul. Saint Jérôme. Saint François de Borgia assiste à l'ouverture du cercueil de la femme de Charles-Quint (Dessins).

75. — Premier projet pour les Emmurés de Carcassonne.

1877 L'Etat-Major autrichien devant le cercueil de Marceau. *Acheté par M. Turquet, Sous-Secrétaire d'Etat aux Beaux-Arts.*

Tous, pleins d'estime pour sa valeur et son beau caractère, s'empressèrent de le visiter; l'archiduc lui-même vint le voir; Kray, ce vieux et respectable guerrier, donna des marques touchantes de ses regrets, placé près du lit de Marceau.

(Rapport officiel, 21 septembre 1796, Armée de Sambre-et-Meuse.)

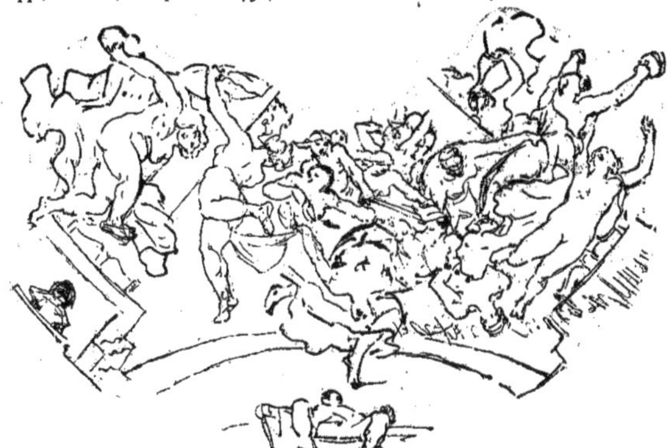

76. — Croquis pour le plafond de l'Odéon.

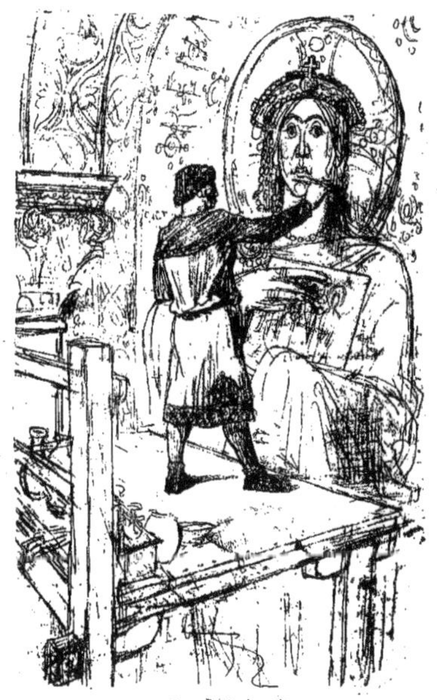

77. — Peintre byzantin.

1879 Délivrance des Emmurés de Carcassonne. *Musée du Luxembourg.*

Au mois d'août 1303, les gens de Carcassonne et d'Albi viennent arracher aux cachots de l'Inquisition les nombreux prisonniers qu'ils renfermaient. Le frère mineur Bernard Délicieux s'efforce de contenir la foule que ses discours ont ameutée. Le réformateur du Languedoc, Jean de Picquigny, accompagné de plusieurs Consuls de Carcassonne, assiste à l'envahissement des cachots, qu'il n'a pu éviter.

B. Haureau, Bernard Délicieux et l'Inquisition Albigeoise.

Chlothen et Ingoberthe; Funérailles de Chlother; Haribert répudie Ingoberthe; Mariage de Sighebert (Dessins destinés à une édition des Récits des temps mérovingiens, d'Augustin Thierry), Hachette, éditeur.

1880 Le Bas-Empire; Honorius. *App. à M. Vanderbilt. New-York.*

Portrait de Mlle Turquet.

Voyage de Galeswinthe; Mort de Galeswinthe (Aug. Thierry), deux dessins.

Deux autres dessins pour illustrer le roman : L'Abbé Tigrane, de Ferdinand Fabre.

1881 L'Interrogatoire. *App. à M. Trétiakoff.*

Portrait de Mme la Comtesse de Roquette.

Deux dessins : Le Jugement de Hilpéric. Le Monastère de St-Martin (Aug. Thierry).

Deux dessins : L'Arrivée de Théodebert. L'Arrivée de Sighebert.

1882 Les Derniers Moments de Maximilien, Empereur du Mexique. *Musée Trétiakoff, à Moscou.*
Portrait de M. A. R...
Deux dessins : Les Deux Réfugiés. Le Tonsuré (Pour les Récits Mérovingiens).
Sainte Geneviève à son lit de mort; Funérailles de Sainte Geneviève. (Peintures exécutées pour le Panthéon). *Paris.*

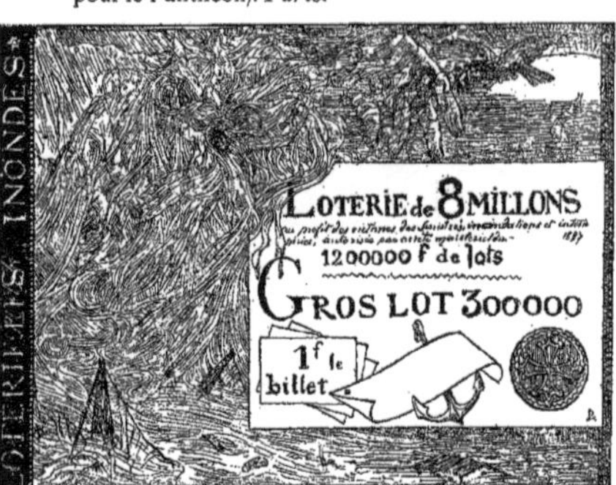

78. — Projet de Billet de Loterie.

1883 Le Pape et l'Inquisiteur. *App. à M. Gardère et actuellement au musée de Bordeaux.*
Les Murailles du Saint-Office. *Musée de Limoux.*
Merowig en prières. Merowig le Tonsuré (Dessins pour les Récits Mérovingiens).
1884 Vengeance d'Urbain VI. *Philadelphie.*
Faust. *App. à M. Boissonneau. Angers.*
1886 Le Grand Inquisiteur chez les Rois catholiques. *App. à M. Bulla. Actuellement en Amérique.*

Les juifs d'Espagne, menacés par l'inquisiteur, offrent, pour détourner le danger, 30.000 ducats destinés à la guerre de Grenade. Torquemada ayant été averti que Ferdinand et Isabelle prêtaient l'oreille à ces propositions, se présenta à eux un crucifix à la main et leur dit : « Judas a vendu son maître le premier pour 30 deniers. Vos Altesses pensent le vendre une seconde fois pour 30.000 pièces d'argent. Le voici, prenez-le et hâtez-vous de le vendre ».
Don Juan Antonio Llorente. Histoire critique de l'Inquisition d'Espagne.

Portrait de Marthe. *App. à Mme Sautai.*
1887 L'Agitateur du Languedoc. *App. à M. Bories. Toulouse.*
Il fera trembler, dans les tribunaux, les juges devant lesquels on le cite. (BOSSUET.)

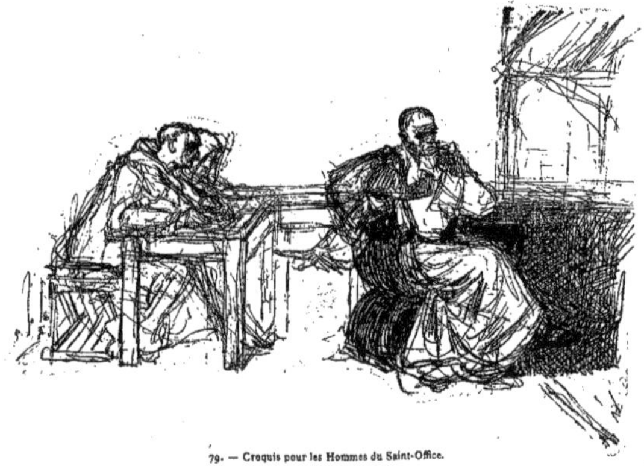
79. — Croquis pour les Hommes du Saint-Office.

1888 Ophélia. *Vendu à M. Bulla. Actuellement en Amérique.*
Mounet-Sully, rôle d'Hamlet. *App. à M. Mounet-Sully.*
1889 Les Hommes du Saint-Office. *Musée du Luxembourg.*
L'Alchimiste. *Musée de Toulouse.*
1890 Portrait de Mme Herter. *Actuellement à New-York.*

1890 Les Sept Troubadours; Fondation des Jeux floraux. *App. à M. Bulla.*
1891 La Voûte d'acier. *Décoration de l'Hôtel de Ville de Paris.*
Portrait de M. Louis Prétet.

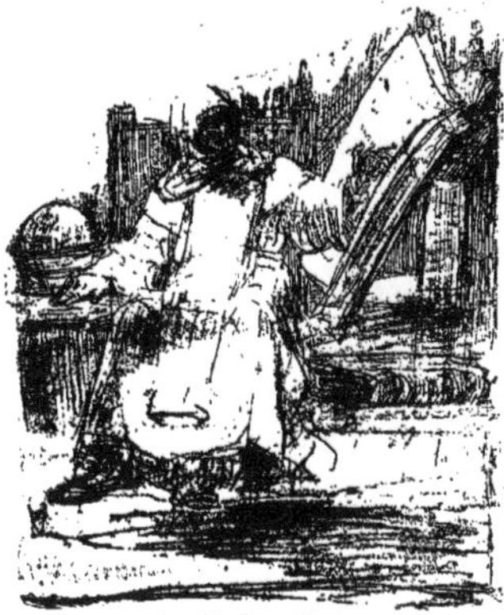
80. — Saint Thomas d'Aquin.

1892 La Liseuse. *App. à M. Gallot. Auxerre.*
Portrait du Colonel Brunet. *App. au Général Brunet.*
1893 Saint Jean Chrysostôme. *Musée de Toulouse.*
La Petite de Bonchamps. *App. à M. Gallot. Auxerre.*
1894 Le Pape et l'Empereur. *App. à M. Gallot. Auxerre.*
Griselda. *App. à Mme M. Stern. Paris.*
1895 La Muraille. *Salle du Capitole. Toulouse.*

Simon de Montfort avait laissé le commandement du château de Toulouse à Guy, son frère. Ceux de la ville travaillaient nuit et jour à se fortifier. Ils tirèrent de leur côté un nouveau retranchement entre la ville et le château, rouvrirent les fossés et se remparèrent de toutes parts.
(Annales de la ville de Toulouse.)

Cette composition très importante, destinée à la Grande salle du Capitole de Toulouse, en remplit actuellement un des deux plus grands panneaux.

Jeanne d'Arc, projet de décoration (Aquarelle), Esquisse pour les Gobelins.
La Muraille, dessin (1er projet de la décoration dont nous avons donné le détail plus haut).
1896 Les Otages. *Musée de Lyon.*
Irène. *App. à M. Lafond, à Paris.*

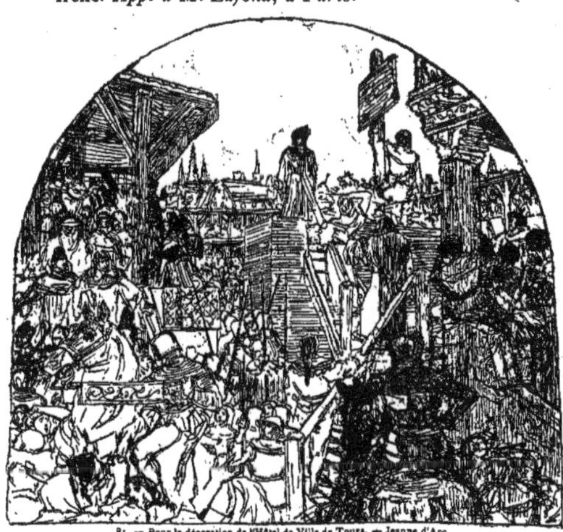
81. — Pour la décoration de l'Hôtel de Ville de Tours. — Jeanne d'Arc.

1897 Le Lauraguais (Peinture décorative). *Salle du Capitole. Toulouse.*
Portrait de Pierre Laurens. *App. à l'Auteur.*
Portrait de P. Albert Laurens. *App. à l'Auteur.*
1898 L'Arrestation de Broussel. *Hôtel de Ville de Paris.*
1899 Toulouse contre Montfort (Plafond). *Galerie des Illustres, Capitole*
1900 Portrait de M. Goy, ancien Président du Tribunal de Commerce *App. à M. Goy.*
Jeanne d'Arc (Modèle de Tapisserie destiné aux Gobelins), aquarelle.
Une Gravure (Eau-forte), Le Pape et le Christ.
1902 Glorification de Colbert (Panneau décoratif de plus de 12 mètres de longueur, destiné à être exécuté en tapisserie par la Manufacture nationale des Gobelins), *pour être ensuite placé à la Mairie des Gobelins, Paris XIIIe arrondissement.*
Proclamation de la République, 24 février 1848. *Au musée de la ville de Paris.*

1903 Jeanne d'Arc (triptyque). Commande de l'Etat. *Hôtel de Ville de Tours (Indre-et-Loire).*
1. Jeanne d'Arc reçoit le roi Charles VII sous les murs de la ville de Tours; 2. Jeanne d'Arc monte au bûcher 3. Après le supplice.

82. — Pour *Les Mineurs* (Décoration de la Préfecture de la Loire).

1904 Les Mineurs (Commande de l'Etat et du Département de la Loire). *Grande Salle de la Préfecture à Saint-Etienne.*

Luther et ses Disciples. *Appartient à M. Soumitomo. Tokio.*

1905 Le Désastre.

Portrait de Pierre.

Jean-Paul Laurens a en outre exécuté le plafond du Théâtre de l'Odéon, et travaille à celui du Théâtre de Castres, la Salle du Livre d'Or de la Légion d'honneur, l'Entrée de François Ier à Montbrison, pour la Grande Salle de la Préfecture de Saint-Etienne, etc., etc.

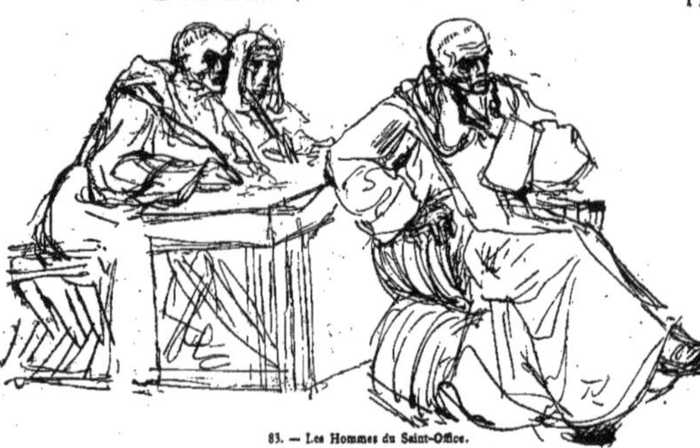

83. — Les Hommes du Saint-Office.

Il a obtenu une 3e médaille au Salon de 1869, une 1re en 1872 et la médaille d'honneur en 1877, a été nommé membre du Jury à beaucoup d'expositions (expositions universelles de 1889 et 1900), président de la Société des Artistes français, chevalier de la Légion d'honneur en 1874, officier en 1878, commandeur en 1900, membre de l'Institut en 1891 à la place de Meissonier.

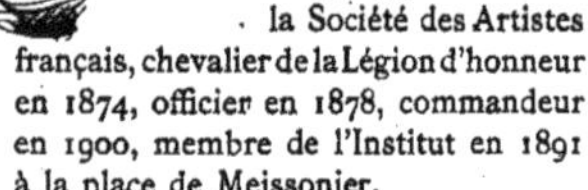

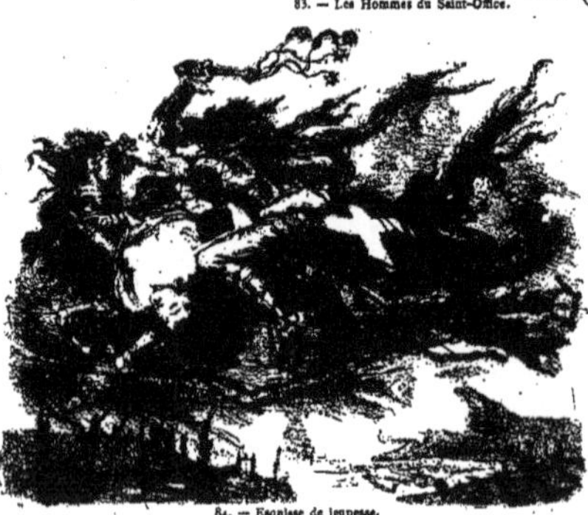

84. — Esquisse de jeunesse.

Pour apprécier l'opinion d'un artiste sur l'Art, le meilleur procédé consiste à faire connaître quelques-uns de ses propos. Or, dans plusieurs biographies très documentées, on a cru devoir recueillir les moindres paroles de peintres célèbres. Sans aller aussi loin, il ne nous paraît pas inutile de transcrire, à la fin de cet ouvrage, quelques passages empruntés à des allocutions ou discours prononcés par Jean-Paul LAURENS.

NOTICE SUR MEISSONIER PAR J.-P. LAURENS, MEMBRE DE L'INSTITUT, LUE A L'ACADÉMIE FRANÇAISE, LE SAMEDI 5 MARS 1892.

MESSIEURS,

Depuis le jour où vous m'avez fait l'honneur de m'admettre parmi vous, je n'ai cessé d'être préoccupé, et, à mesure que le temps s'écoulait, mon inquiétude allait augmentant; quelque chose pesait sur moi; vous connaissez, à l'heure où je parle, le motif de mes appréhensions. Oui, une simple notice, voilà mes terreurs! Pour plusieurs d'entre vous, Messieurs, ce devoir n'est rien, mais il en est peut-être (et je suis de ceux-là) qui n'écrivent pas deux mots sans être troublés. Ces derniers pourront seuls juger de mon émotion, puisqu'il s'agit de parler de mon illustre prédécesseur et d'*apprécier son œuvre*.

On a d'ailleurs tout dit, on a tout écrit sur Meissonier, et, ici même, en quelques traits, dans un discours sur l'Art, le grand talent du maître a été brillamment esquissé par un de nos plus distingués confrères. Il vous a montré, bien mieux que je ne saurais le faire, les éminentes qualités de l'artiste.

Ses débuts si difficiles, qui ne les connaît pas? On les trouve dans toutes ses biographies.

Né à Lyon, en 1815, d'une famille pauvre, longtemps il dut lutter pour la vie. A vingt-et-un ans, il arrivait à Paris, ayant à peine quelques notions de dessin; mais avec une âme bien trempée et une santé robuste, on peut aller loin.

Il se lia d'amitié avec un jeune paysagiste, et tous deux, pressés par la nécessité, convinrent d'exécuter ensemble des toiles pour l'exportation. Ces commandes leur étaient payées à raison de cinq francs le mètre carré. (Le jeune Parisien, son ami, devait être plus tard Charles Daubigny.) Ce travail de décor convenait peu à la nature d'élite du petit Lyonnais. Sur ces entrefaites, il se fit présenter aux frères Johannot, qui, frappés de ses dispositions, l'encouragèrent et l'aidèrent même à poursuivre de sérieuses études. Plus tard, il entrait à l'atelier de Léon Cogniet; là, il travailla avec assiduité pendant quelques mois, non sans faire de nombreuses visites au Musée du Louvre, attiré sans doute par les Terburg, les Van Ostade, les Miéris, les Metzu.

Il ne chercha pas longtemps sa voie; il l'avait déjà entrevue dans son admiration pour ses maîtres favoris; mais, bientôt, se sentant devenir lui-même, il s'affirmera, il s'imposera.

Chez lui, rien du romantique, rien du classique. Meissonier s'attache à la nature, sans plus regarder autour de lui. Les Hollandais? Il ne va garder d'eux que la dimension du cadre, se dégageant par un côté dramatique, qui fera de lui un peintre historien. En attendant l'évolution qui doit consacrer définitivement sa personnalité, il monte toujours et chaque tableau est pour lui échelon sûr. Je ne sais à propos de quel Salon parut un article de Théophile Gauthier, qui caractérise bien le talent du peintre; permettez-moi, Messieurs, de vous en dire les principaux passages :

« Meissonier est un maître que l'on peut citer dans son genre après Ingres, Delacroix et Decamps; il a son originalité et son cachet. Ce qu'il a voulu faire, il l'a fait complètement. Il possède les qualités sérieuses du vrai peintre... tout prend une valeur sous son pinceau et s'anime de cette mystérieuse vie de l'art, qui ressort d'une contrebasse, d'une bouteille, aussi bien que d'un visage humain... Quelle harmonie entre les accessoires et le personnage et quelle pénétrante impression de la scène ou de l'époque obtenue sans efforts! Dans un genre où, trop souvent, on se contentait de la propreté et de la patience de l'exécution, il a apporté le dessin sévère, la force de couleur, la vérité profonde du maître... Quand un tableau sort des mains de M. Meissonier, c'est, à coup sûr, qu'il ne peut être poussé plus loin. »

Le bagage artistique de Meissonier est trop considérable pour être détaillé tableau par tableau; nous ne ferons qu'énumérer les toiles qui sont dans la mémoire de tous, telles que : *Le Liseur* (1840 — médaille de 3e classe); *Une partie d'échecs* (1841 — médaille de 2e classe); *Jeune homme jouant de la basse* (1842); *le Peintre dans son atelier* (1843 - médaille de 1re classe).

Nous en sommes presque à la période où les qualités de marque vont exclure l'influence des Hollandais.

En 1846, à la suite de l'Exposition universelle, Meissonier fut décoré. En 1848, il exposa la *Partie de boules*, qui lui valut une médaille de 1re classe; le *Fumeur* en 1849; *Un souvenir de la guerre civile* en 1850; en 1852, *Jeune homme choisissant une épée*. Désormais, les succès lui arrivent en foule. Le jury de l'Exposition universelle de 1855 lui décerne une médaille d'honneur; en 1856, il est promu au grade d'officier de la Légion d'honneur; cinq ans après, il entre à l'Institut, où il remplace Abel de Pujol; en 1867, il est fait commandeur.

Parmi les nombreuses toiles qui figurèrent cette année-là au Champ-de-Mars, citons : *Napoléon III à Solférino*, *Le Général Desaix à l'armée du Rhin*, *Une charge de cavalerie*, et son mémorable « 1814 ». Nous voici arrivés au chef-d'œuvre qui, à lui seul, suffirait pour immortaliser son auteur.

Mais avant d'en parler, je voudrais dire quelques mots du caractère du maître, à propos d'une œuvre non moins connue : c'est la *Rixe*, tableau célèbre qui avait déjà figuré à l'Exposition de 1855 et qui fut payé vingt mille francs, prix rare pour l'époque et dangereux pour un artiste en pleine vogue; mais Meissonier aimait trop son art. Opiniâtre dans ce qu'il voulait, dix, vingt fois, il prenait, reprenait son œuvre, la faisant même disparaître pour la reprendre encore, jusqu'à ce qu'elle répondît à son rêve absolu. C'est là la probité du véritable artiste. Ceux qui l'ont vu de près citeraient des exemples fréquents de ce genre.

On raconte qu'un jour, sur le point de livrer un tableau à un amateur impatient de le posséder, il gratta la toile jusqu'à la trame; il n'en était plus content. Or, les œuvres de Meissonier à cette époque avaient déjà atteint des prix auxquels n'atteindront probablement jamais les tableaux de nos maîtres anciens. Il n'hésita pourtant pas devant ce sacrifice, peu commun parmi ses collègues. C'est qu'il voyait plus loin, c'est qu'il ne cédait pas à cette idée fausse et attristante qui mesure la valeur de l'œuvre à l'argent qu'on en donne. La pente est glissante; rare est le nombre de ceux qui ne s'y laissent pas aller, alors qu'il serait plus sage de se demander si le talent ne baisse pas quand les prix augmentent. Le véritable artiste, vraiment soucieux de son œuvre, ne connaît pas de tourment plus terrible que de se croire au-dessous de lui-même. Et qui sait si notre grand peintre, dont le rêve planait si haut, n'était pas hanté par cette pensée troublante au milieu même de sa gloire. Aussi ne voulait-il rien laisser qui fût indigne de lui. Donc pas de faiblesse, rien au hasard; il ne livrera son tableau que quand il aura dit et souligné son dernier mot. Le peintre travaille pour lui, il veille à son nom : le millionnaire frappe à sa porte, qu'il attende.

On a dit de Meissonier qu'il ne savait pas fuir les honneurs : soit, mais il savait les mériter. On a dit aussi qu'il était difficile avec ses collègues; mais pour le savoir, demandons à ceux que le voyaient dans son intimité. Ils le considéraient un peu comme l'enfant gâté à qui on doit passer quelques boutades, connaissant bien le fond de son caractère généreux et bon; ils savaient la durée de la bourrasque, s'éclipsaient un instant et revenaient après, si lui-même n'allait pas les chercher. Mais, inégal d'humeur, Meissonier, par suite de ces coups de vent fréquents, a dû voir quelques impatients se tenir à l'écart et ne lui accorder que le respect qu'imposait son talent. Eh bien! si ceux-là mêmes avaient voulu se donner le temps de bien pénétrer ses fantaisies capricieuses, ses airs de domination qu'il prenait d'ailleurs avec ses plus intimes, quand il y pensait, ils eussent deviné un fonds de timidité cachée. Quand l'enfant gâté manque d'éloges, il se croit diminué, devient un tyran et veut faire parade de sa force. Pourquoi? Il a besoin de se convaincre lui-même. Plus d'un esprit supérieur a montré cette faiblesse. C'est le doute, ce doute insupportable qui peut pousser à faire crier bien haut : « Je suis quelqu'un! »; c'est dans un de ces moments d'humeur dédaigneuse et farouche que Meissonier doutait peut-être de sa valeur réelle.

Heureusement que, travailleur intrépide, il savait échapper à ces troubles passagers en reprenant ses pinceaux; car, nul mieux que lui n'a su mettre en pratique cette réconfortante devise : *Dans le travail, le repos.* Sur la brèche, toujours en éveil, avec un tempérament de cette trempe, il ne pouvait qu'apporter une sorte de passion fougueuse dans tout ce qu'il touchait, et n'est-ce pas, après tout, cette passion quelquefois despotique (qualité grossie jusqu'au défaut) qui devait faire grand le nom de Meissonier ? En cherchant bien, on trouverait peut-être tout cela dans le caractère âpre et sévère de ses œuvres. Je vous demande la permission, Messieurs, de m'arrêter devant le « 1814 ».

Cette toile universellement connue m'a tellement frappé à son apparition que je l'ai, pour ainsi dire, là, sous les yeux ; je l'ai, du reste, revue plus tard, et mon enthousiasme n'a fait qu'augmenter. Qui a pu admirer cette toile émue ne peut plus l'oublier. On emporte avec soi cette idée qui vous obsède : Cela a dû se passer ainsi.

Sous un ciel d'hiver, dans une plaine nue jusqu'à l'horizon, une masse noire de cavaliers arrive lentement sur vous, comme un long convoi funèbre ; personne ne parle ; on n'entend qu'un clapotement dans la neige fondue ; un désespoir muet flotte partout.

Vous pénétrez dans l'épaisseur de la colonne en marche, le froid vous gagne ; vous reconnaissez sous l'ombre des bicornes tous les visages ; ce sont les braves de l'escorte impériale ; ils sont vaincus, ces invincibles ! Et, sur son cheval blanc, l'Empereur en tête, comme un vautour blessé, regarde vaguement devant lui, dans le vide ; sa gloire est finie...

L'autorité qui se dégage de ce maître tableau vous force à oublier la peinture pour ne voir que la réalité, c'est bien ainsi que cela s'est passé.

Meissonier a eu là dans un moment d'inspiration une vision sublime qu'il a soutenue et conduite jusqu'au bout, heureusement servi par un talent hors de pair. Grâce à cet équilibre, son « 1814 » sera gravé dans l'histoire de l'Art aussi profondément que la Campagne de France dans l'histoire des Peuples.

Une récompense suprême devait couronner la longue et brillante carrière de l'illustre peintre : Meissonier est mort avec le grand cordon de la Légion d'honneur.

EXTRAIT DU DISCOURS PRONONCÉ A LA SOCIÉTÉ DES ARTISTES FRANÇAIS LE 25 JUILLET 1899, PAR J.-P. LAURENS, PRÉSIDENT DE CETTE SOCIÉTÉ.

... Il faut la bonté à l'artiste ! Bonté et sincérité sont les deux sources les plus profondes de l'œuvre d'art. Les œuvres durables trouvent leur force première dans ces deux qualités essentielles auxquelles seul l'avenir rend justice. Mais ces deux qualités, hélas ! une autre sœur les suit de près, de trop près : l'inquiétude, douleur angoissante qui tenaille l'artiste sans qu'il y ait sanction capable de l'apaiser.

Pour le mieux trempé, la récompense est une joie rapide. S'il a réellement souci du lendemain, que peuvent sur lui ces satisfactions passagères ? Rien. Car celui-là comprend qu'aujourd'hui n'est plus et que c'est demain qui compte.

Travaillez, travaillez donc, dirai-je aux jeunes. Si votre heure est tardive, tant pis ! Si elle n'arrive pas de votre vivant, du moins gardez-vous la consolation, après une existence toute de sincérité, d'avoir apporté votre pierre à l'édifice qui surgira pour d'autres et qui peut-être n'eût pas existé sans vous. Travaillez, répondez à l'envie qui vous guette par de nouvelles œuvres.

D'une noble indignation longtemps contenue peut naître une œuvre géniale.

Qui sait si Michel-Ange ne doit pas l'expression de son génie à une immense tristesse ? Son vaste cerveau aurait-il créé tant d'œuvres impérissables si ce géant n'avait eu le don de souffrir toutes les souffrances humaines ? Et cette inquiétude tragique dont toute sa vie porte la marque, ne vient-elle pas d'une révolte désespérée contre l'iniquité ?... Ame d'élite, débordante de bonté, qui se répand en chefs-d'œuvre.

Mais ne nous perdons pas dans ces hauteurs. Rappelons-nous seulement que dans le cortège des vertus supérieures qui ont porté ces génies jusqu'aux sommets, la sincérité tenait la tête. La sincérité n'est peut-être pas tout, mais rien n'est sans elle. Tant pis pour ceux qui la confondent avec je ne sais quelle honnêteté bourgeoise. Elle ne lui ressemble pas plus que la chauve-souris ne ressemble à l'oiseau. N'importe : le temps, qui n'épargne rien, saura faire le grand triage ; n'anticipons pas. Contentons-nous, autant qu'il est en notre pouvoir, d'éviter au public les banalités qui flattent son goût de routine pour ne lui montrer que de vraies manifestations d'art. N'oublions pas surtout qu'autour de nous se presse, comme une marée montante, tout une phalange travailleuse demandant sa part de lumière ; ne perdons pas de vue ceux qui savent l'attendre dans le silence religieux du travail.

... Il est de nobles tentatives qui n'ont pu atteindre leur éclosion parfaite et qui restent inintelligibles pour bien des gens. C'est à nous de ne pas passer indifférents devant les audacieux qui ont faibli par insuffisance d'études. Ces fortes études, nous devons évidemment les exiger de la jeunesse ; mais une fois armée, cette jeunesse nous échappe fatalement. A nous de la suivre sans l'endiguer. Laissons aller librement les affirmations et les recherches opposées. Les plus forts résisteront et formeront sans doute, loin des anciennes formules, la caractéristique décisive de notre art moderne.

EXTRAIT D'UN DISCOURS PRONONCÉ A L'INSTITUT PAR J.-P. LAURENS, PRÉSIDENT DE L'ACADÉMIE DES BEAUX-ARTS.

... De tous ceux qui jusqu'à ce jour se sont assis à la place que j'ai l'honneur d'occuper en ce moment, nul, j'en suis sûr, n'a éprouvé plus d'émotion, plus d'embarras que moi. J'espère pourtant trouver dans le sentiment d'un devoir pieux à remplir le courage d'aller jusqu'au bout.

Que cette jeunesse débordante de vie me laisse donc jeter un regard en arrière pour saluer d'abord la mémoire de nos chers disparus.

... Ernest Coquard s'en est allé le premier. Sur la tombe de cet éminent architecte, un discours d'une grande élévation a été prononcé. L'auteur me permettra de citer les deux mots qui me paraissent le résumer : « Il ne reste de nous sur la terre que le bien et le beau que nous avons pu réaliser. Ainsi envisagée, Messieurs, la carrière d'Ernest Coquard ne doit plus nous laisser de regrets. »

... Tout de tristesse et d'amitié personnelle est fait le souvenir du nom qui va suivre : Benjamin Constant n'a pas voulu de discours à ses funérailles. Il s'y est opposé à ses derniers moments. Saluons-le donc aujourd'hui. Mais en adressant à sa belle carrière l'hommage de l'Académie des Beaux-Arts, je ne puis m'empêcher d'évoquer en ma mémoire le grand ami que j'ai perdu en lui. Un vide profond sera longtemps ressenti par ceux que cet homme généreux aimait réellement. Sincère et ardent en tout ce qu'il entreprenait, son pinceau ne suffisait pas toujours à ses aspirations passionnées. Non seulement il ne craignait pas de dire sa pensée toute nue, mais il l'écrivait hardiment, sans nul souci des morsures de la critique. D'ailleurs, pour sa réplique définitive, la palette était toujours là. C'est ainsi, qu'en la prenant, le peintre répondait par *Les Chérifas* soit par *La Justice du Chérif* ou *l'Entrée d'Urbain II à Toulouse* et tant d'autres belles toiles historiques ; soit enfin par sa série de portraits (chefs-d'œuvre pour la plupart) et dont celui de sa dernière heure est hors de pair.

Hélas ! Il n'était pas fait pour résister à l'épreuve qui devait briser sa vie. Le coup porté, il n'a pu s'en relever. Deux ans encore il a traîné son chagrin ; puis... son cœur a cessé de battre. Le père allait enfin rejoindre son fils.

A ces morts illustres vient encore s'ajouter le sculpteur Salmson, notre correspondant. Français, il s'était fixé dans cette Suisse romande qui parle notre langue et à laquelle nous unit une cordiale amitié. Son talent ne pouvait que fortifier ces liens.

Il serait temps de se tourner vers vous, mes jeunes amis, et je voudrais, sans plus tarder, vous assurer de quelle affectueuse sollicitude l'Académie accompagne vos pas. Pourtant, un mot encore me reste à dire. Le regret qu'il exprime doit clore la liste de nos deuils. La mort, cette fois, a fauché dans vos rangs. C'est de Jaquot Defrunc, un de vos camarades, que je veux parler.

Le pauvre enfant a quitté la vie ne connaissant d'elle que l'espérance, et cette espérance, son talent l'aurait justifiée.

Je dépose sur sa tombe l'hommage de notre douleur paternelle. Que celui d'entre vous qui a le plus intimement connu cette âme loyale reçoive l'expression de notre commune sympathie.

Mais la fidélité que nous gardons à nos morts ne doit pas émousser notre énergie dans la marche impérieuse de la vie. Conservez donc vos pieux souvenirs, jeunes gens, et vivez dans la saine joie du travail qui vous attend là-bas. Rome vous appelle. Ne vous attardez pas aux recommandations du départ. Nos conseils!... Vous avez ceux de vos maîtres; profitez-en autant que vous le pourrez. Ce sont mes souhaits surtout que je veux vous dire, à vous qui avez résolu d'affronter la rude carrière des Arts. Ces souhaits, je les formulerai seulement en deux mots : sensibilité et courage.

Elles sont indispensables dans l'union de leurs effets, ces deux qualités sans lesquelles il n'est pas d'artiste. Le signe précurseur de la première se manifestera par un enthousiasme troublé dès votre arrivée; n'essayez pas de résister à cet émoi salutaire, laissez-vous aller jusqu'à ce que, grisés par cette atmosphère d'art, vous ne voyiez que des chefs-d'œuvre partout.

Ne craignez rien. L'équilibre nécessaire à la production viendra en son temps, et, classant alors vos impressions premières, vous serez préparés pour l'étude de la nature. C'est elle-même, cette source de lumière, qui vous éclairera, vous aidera à reconnaître, dans votre admiration générale, vos maîtres préférés. Suivez-les alors, aimez-les sans réserve; car c'est encore à travers leur influence que votre originalité pourra un jour se dégager.

De grandes épreuves vous attendent.

Mais la passion incarnée du labeur vous fournira des armes et souvenez-vous que le courage dans la lutte est la première affirmation de la personnalité.

EXTRAIT DU DISCOURS PRONONCÉ PAR J.-P. LAURENS, MEMBRE DE L'INSTITUT, AUX FUNÉRAILLES DE FALGUIÈRE, AU NOM DE LA SOCIÉTÉ DES ARTISTES FRANÇAIS.

Au nom de la Société tout entière des Artistes français que j'ai l'honneur de représenter, au nom de la ville de Toulouse que Falguière aimait tant, au nom de sa vieille École des Beaux-Arts si justement fière de son enfant, je viens rendre hommage au grand sculpteur que la France a perdu.

L'œuvre vivante et passionnée de celui que nous accompagnons aujourd'hui pour la dernière fois sera dite et chantée par d'autres que moi.

Un grand artiste vient de nous quitter. Sa féconde carrière fut une traînée lumineuse que l'avenir n'éteindra pas. Falguière fut un généreux et un spontané. Il s'est donné tout entier, jusqu'au bout, animant tout ce qu'il touchait. — Obéissant toujours à son capricieux génie, jamais il ne connut de barrière. — Toute son œuvre fut l'éclosion vivace et joyeuse de la sève qui débordait en lui.

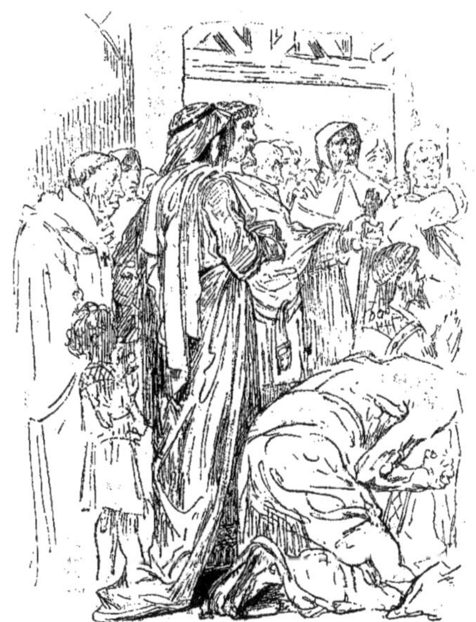

85. — Pour les décorations du Panthéon.

TABLE DES MATIÈRES

TABLE DES ILLUSTRATIONS

TABLE DES 263 TABLEAUX, DESSINS, EAUX-FORTES, CROQUIS EXÉCUTÉS PAR J.-P. LAURENS OU D'APRÈS SES ŒUVRES ET REPRODUITS DANS CET OUVRAGE

CROQUIS INTERCALÉS DANS LE TEXTE

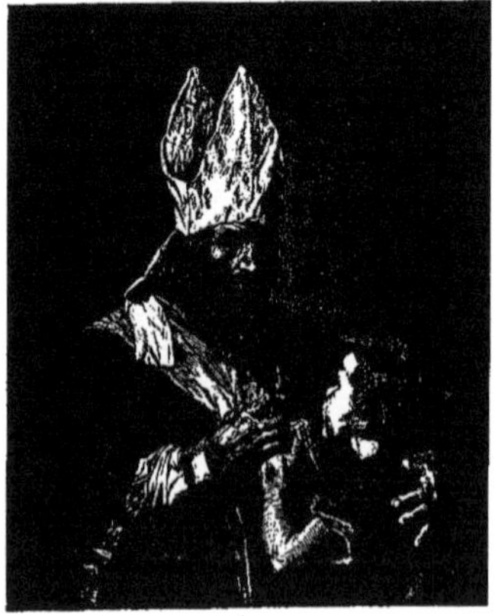

Saint Ambroise et Honorius d'après J.-P. Laurens, eau-forte de Teyssonnière.

TABLE DES PLANCHES HORS TEXTE

a. Jean-Pierre Laurens, d'après une peinture de Jean-Paul Laurens. *b*. Jean-Paul Laurens, par Paul Laurens.
c. 1870.
d. Le Duc d'Enghien, d'après une eau-forte de Teyssonnière. *e*. La Liseuse, d'après une eau-forte de Lambert.
f. Les Derniers Moments de Maximilien.
g. L'Excommunication.
h. Félice. *i*. Après XIX siècles. *j*. Le Chevrier. *k*. Le Pape Formose.
l. Les Emmurés de Carcassonne.
m. François de Borgia devant le cercueil d'Isabelle de Portugal. *n*. Griselda.
o. Les Hommes du Saint-Office.
p. Irène. *q*. Ecce Homo.
r. Les Rois catholiques. *s*. L'Alchimiste. *t*. Le Lauraguais. *u*. Saint Jean Chrysostôme. *v*. L'Interrogatoire. *x*. La Piscine de Béthesda. *y*. Marceau. *z*. Le pape Formose.
ab. L'Epée. *ac*. L'Interrogatoire.
ad. L'Interdit. *ae*. Saint Ambroise. *af*. La Carcasse. *ag*. L'Interdit. *ah*. Le Verre d'eau.
ai. Saint Bruno. *aj*. Le Guet-Apens.
ak. Les Funérailles de Clotaire. *al*. Le Banquet de Sigebert.
am. Décoration du Panthéon, d'après une gravure de Flameng. *an*. Pierre et Paul, d'après une eau-forte de J.-P. Laurens. *ao*. La Pouparde, d'après une eau-forte de J.-P. Laurens. *ap*. Triboulet, d'après une eau-forte de J.-P. Laurens. *aq*. Victoire Tranchard, d'après une eau-forte de J.-P. Laurens.
ar. *as*. Détails de la décoration du Panthéon.
at. *au*. Faust.
av. *ax*. Faust.
ay. La Distribution des Chartes. *az*. La Répression des Maillotins.
ba. Anne Dubourg. *bb*. Broussel.
bc. La Voûte d'acier.
bd. Le Pape et l'Empereur. *be*. Les Otages.
bf. La Petite de Bonchamps.
bg. Le Tournoi.
bh. Le Pape, 9 sujets, d'après des eaux-fortes de J.-P. Laurens.
bi. La Muraille, d'après un dessin de J.-P. Laurens.
bj. Hercule délivrant Hésione. *bk*. Toulouse contre Montfort.
bl. Jeanne d'Arc.
bm. *bn*. Jeanne d'Arc.
bo. Glorification de Colbert (dessin). *bp*. Luther et ses disciples.
*bo**. La Glorification de Colbert (carton). *bp**. Jeanne d'Arc. *bq**. Urbain VI. *br**. L'Agitateur du Languedoc. *bs**. Le Pape et le grand Inquisiteur.
bq. Le président Goy.
br. Simon Colines. *bs*. François Ier visitant Robert Estienne. *bt*. Wolffgang.
bu. Le Désastre.
bv. *bx*. Détails de la Glorification de Colbert.
by. Beethoven.
bz. 17 croquis.
ca. 12 croquis d'après nature.
cb. 27 croquis d'après nature.
cd. Les Mineurs.
ce. Croquis d'après nature pour les « Mineurs ».
cf. Croquis, portraits, médaillons, etc.
cg. Jézabel.

Deux eaux-fortes originales de J.-P. Laurens :
Le Christ.
Le Pape.

Les planches ou détails de planches hors texte désignés par les lettres *a*, *f*, *g*, *l*, *m*, *n*, *o*, *r*, *s*, *t*, *u*, *v*, *x*, *y*, *z*, ; *ai*, *aj*, *ar*, *as*, *ay*, *az*, *ba*, *bb*, *bc*, *bd*, *be*, *bf*, *bg*, *bj*, *bk*, *bl*, *bm*, *bn*, *bp* *bo**, *bp**, *bq**, *br**, *bs**, *bq*, *br*, *bs*, *bt*, *bu*, *bv*, *bx*, *cd*, *cg*, sont des reproductions photographiques de peintures originales de J.-P. Laurens.

Les planches désignées par les lettres *c*, *h*. *i*, *j*, *k*, *p*, *q*, *ab*, *ac*, *ai*, *ad*, *ae*, *af*, *ag*, *ah*, *ak*, *al*, *an*, *ao*, *ap*, *aq*, *at*, *au*, *av*, *ax*, *bh* (9 eaux-fortes), *bi*, *bo*, *by*, *bz* (17 croquis), *ca* (12 croquis), *cb* (27 croquis) *ce* (9 croquis) sont composées de reproductions d'eaux-fortes et de dessins originaux de J.-P. Laurens.

La planche *cf* se compose de reproductions de quatre peintures, d'une eau-forte, d'un dessin et d'un médaillon de J.-P. Laurens, plus, d'une reproduction d'un médaillon exécuté par Chaplain et d'une photographie de J.-P. Laurens prise dans son atelier.

Nous avons indiqué à la 4e page les noms des personnes qui ont bien voulu nous autoriser à reproduire des documents qui sont en leur possession et nous leur renouvelons nos remerciements.

La planche *b* est la reproduction d'une peinture de Paul Laurens.

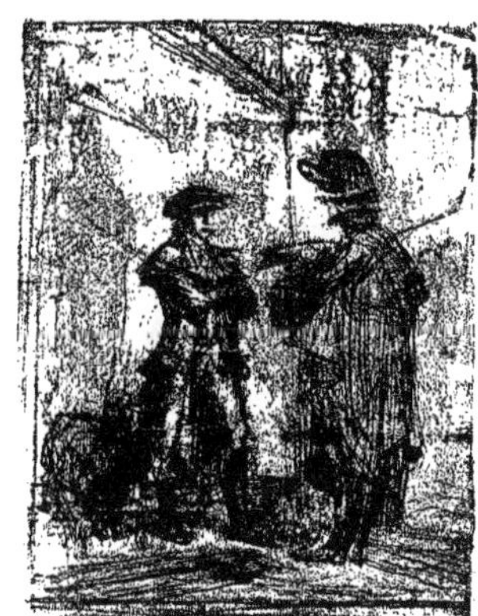

Le Duc d'Enghien (1er projet).

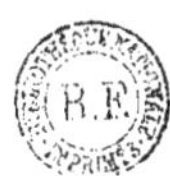

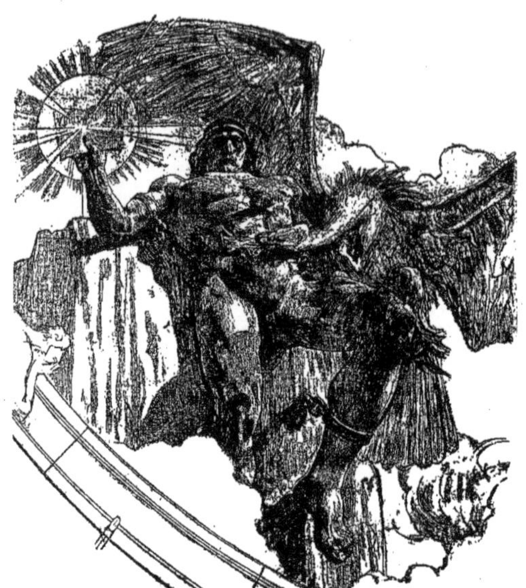

87. — Prométhée, projet pour le Théâtre de Castres.

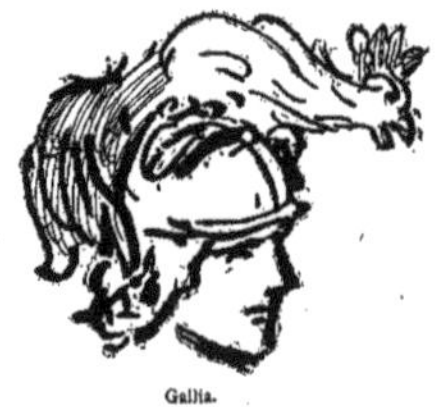

Gallia.

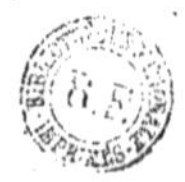

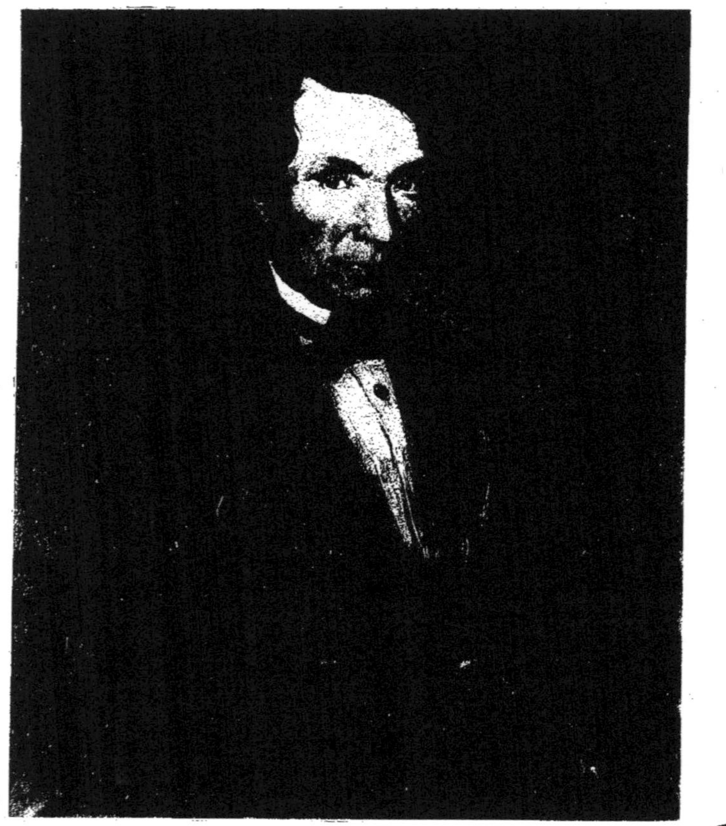

a — JEAN PIERRE LAURENS
PAR JEAN PAUL LAURENS

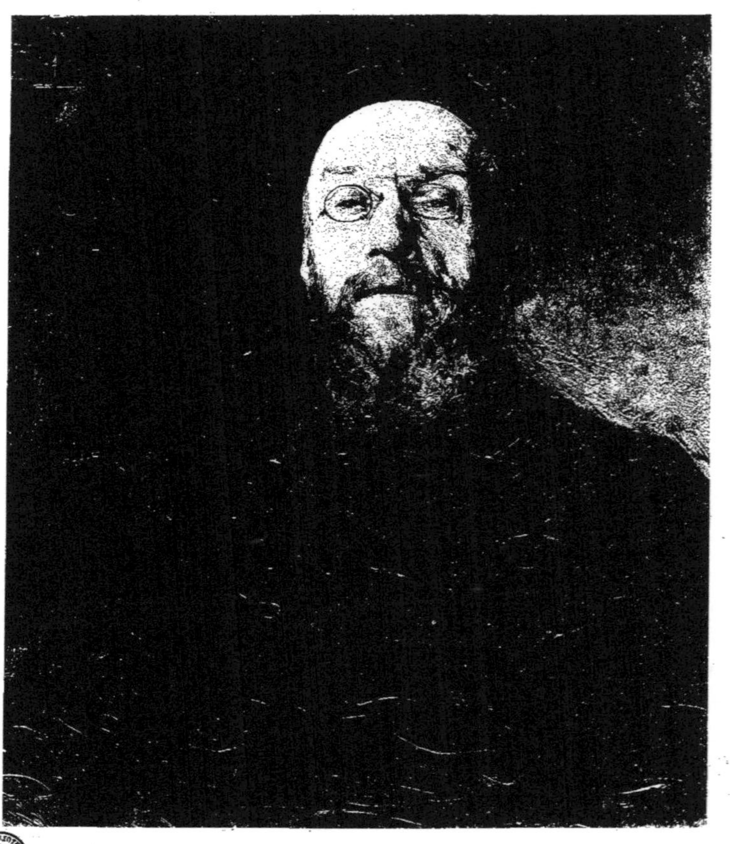

b — JEAN PAUL LAURENS
PAR PAUL LAURENS

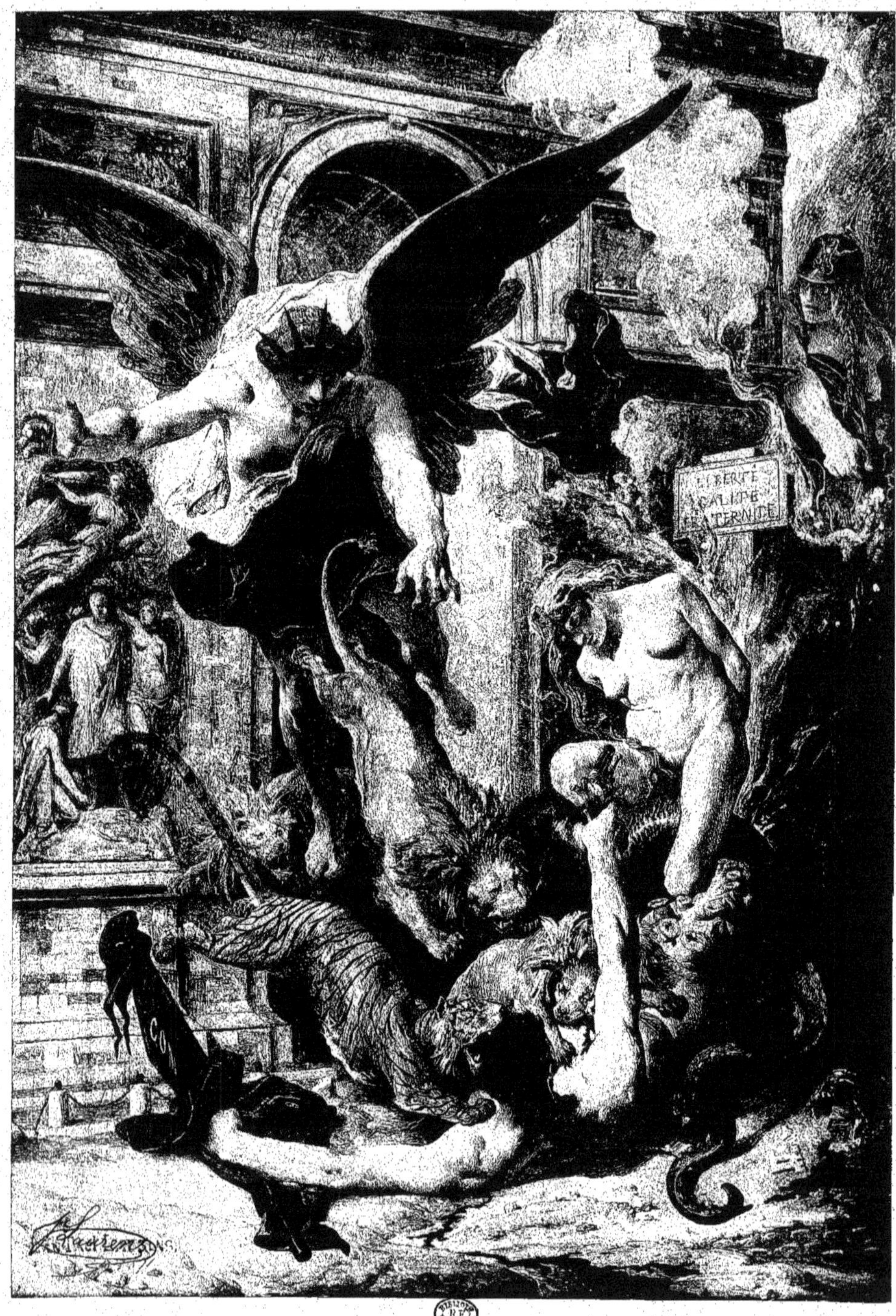

c — 1870

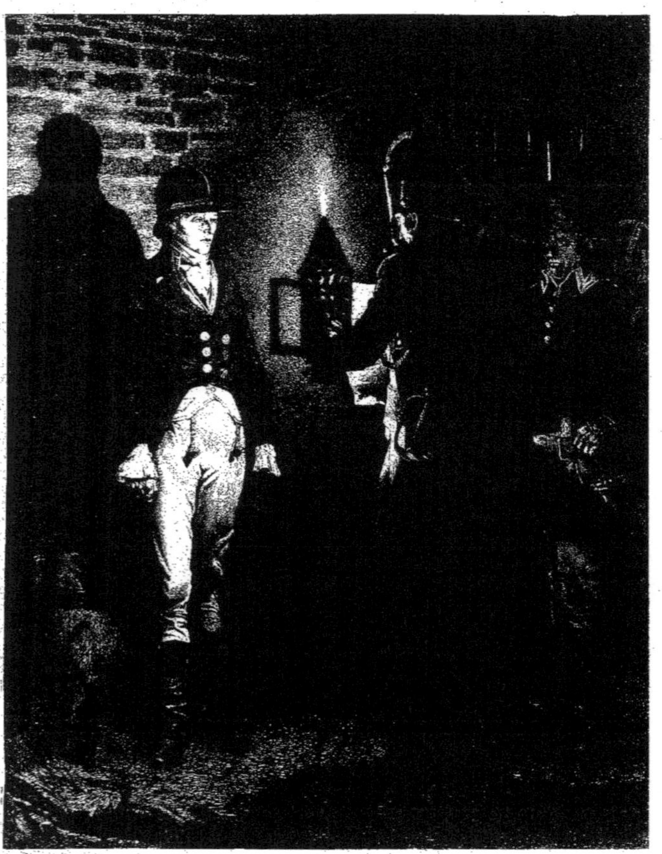

d — LE DUC D'ENGHIEN

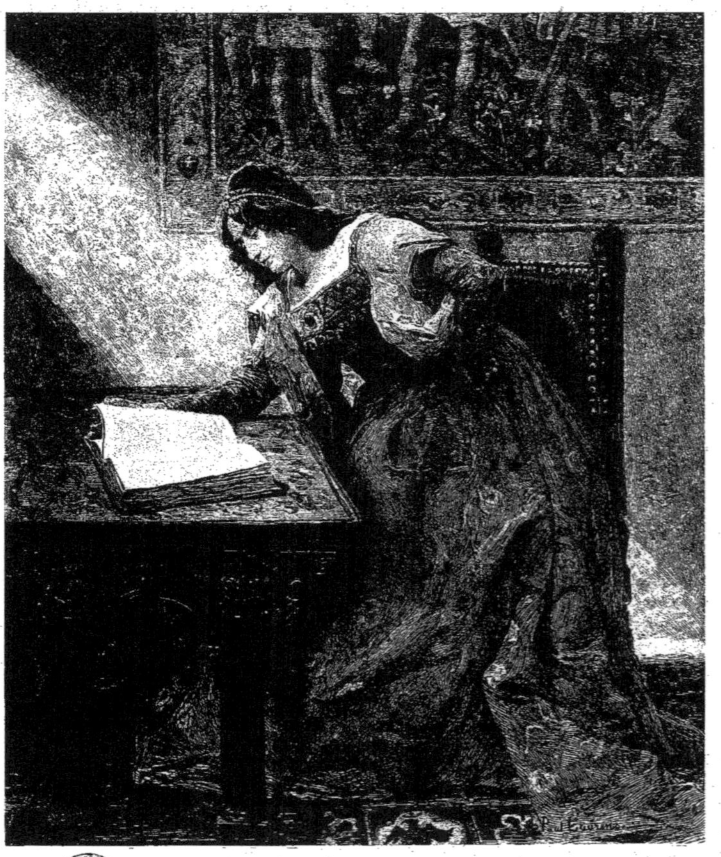

e — LA LISEUSE

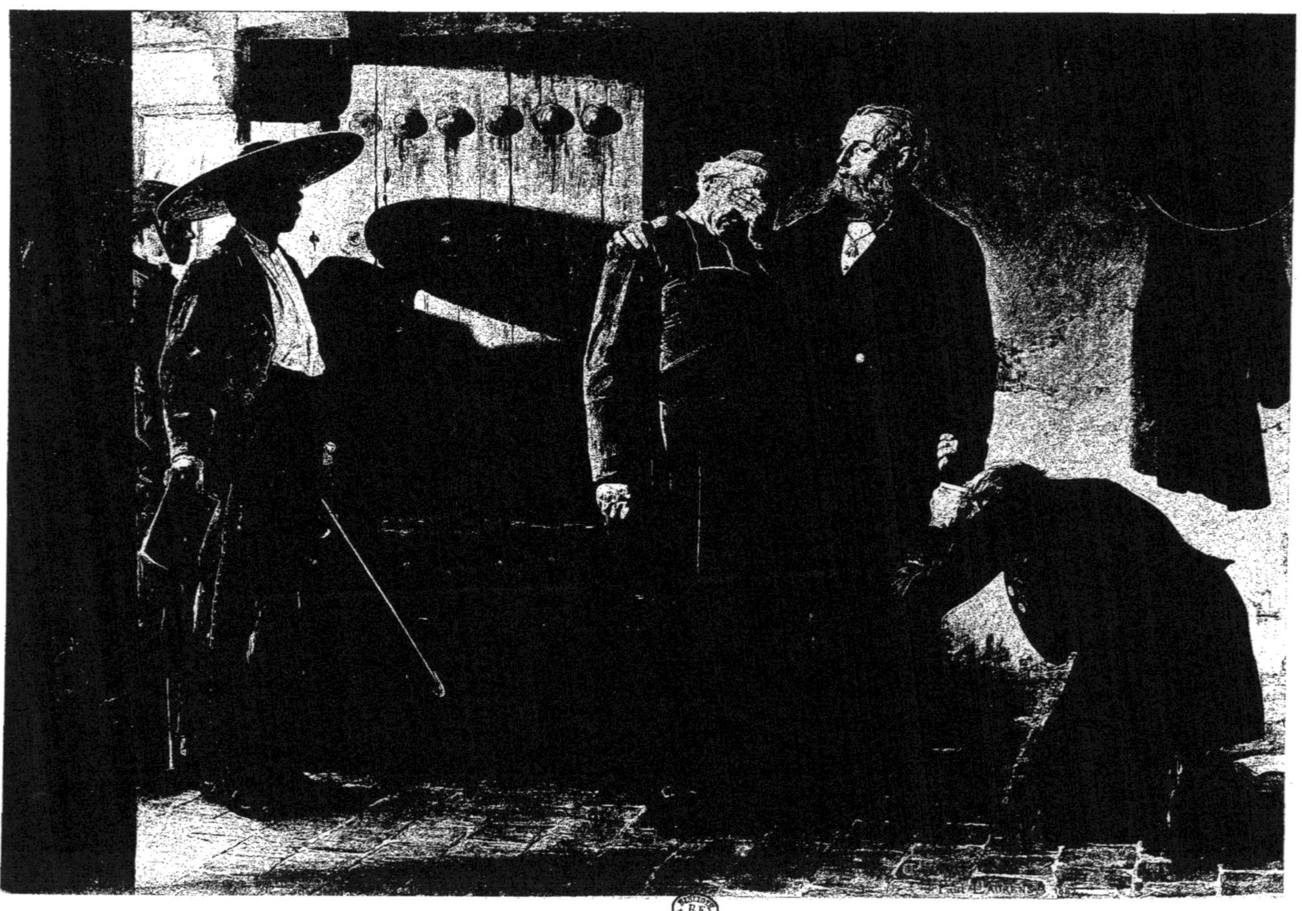

f — LES DERNIERS MOMENTS DE MAXIMILIEN

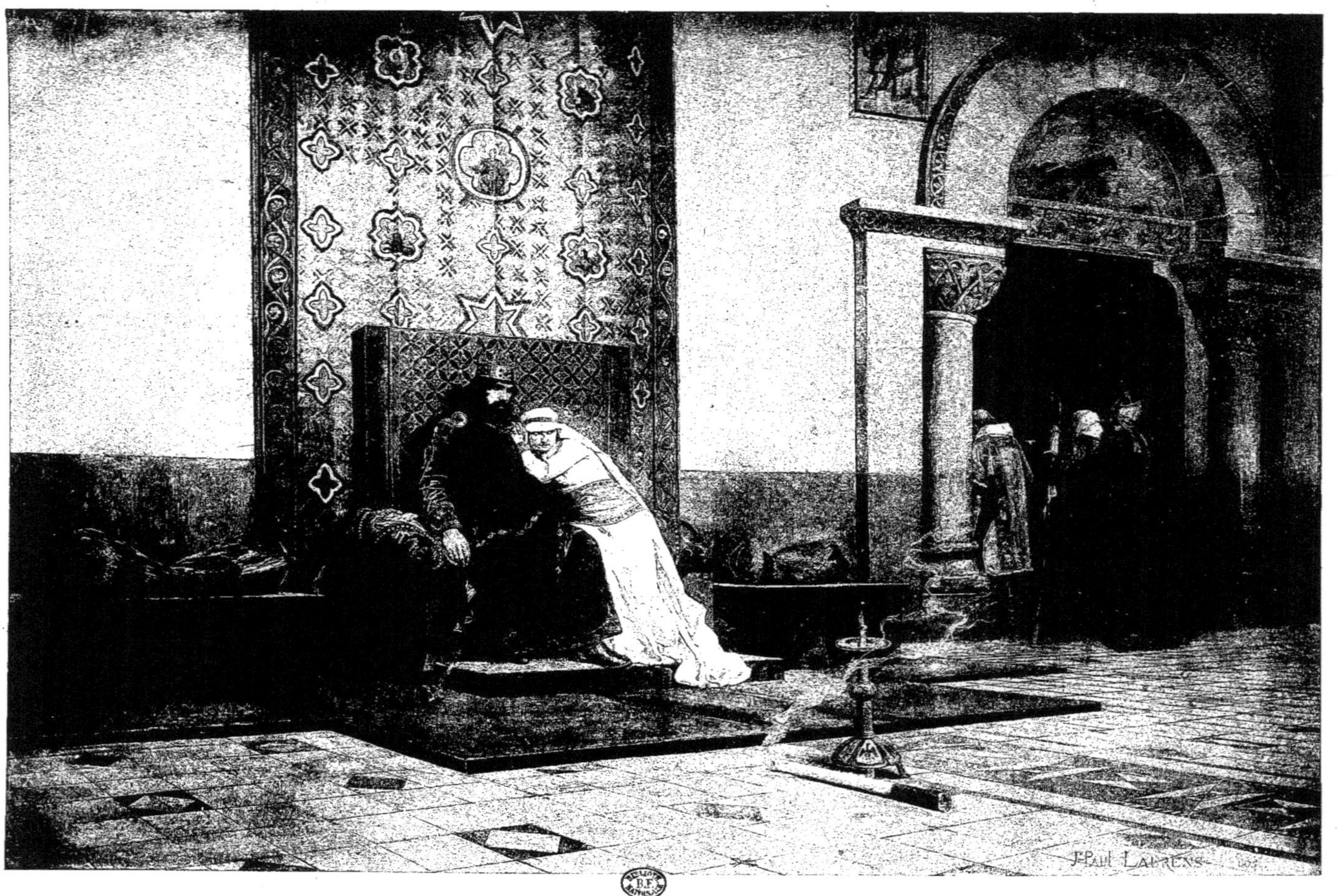

g — L'EXCOMUNICATION

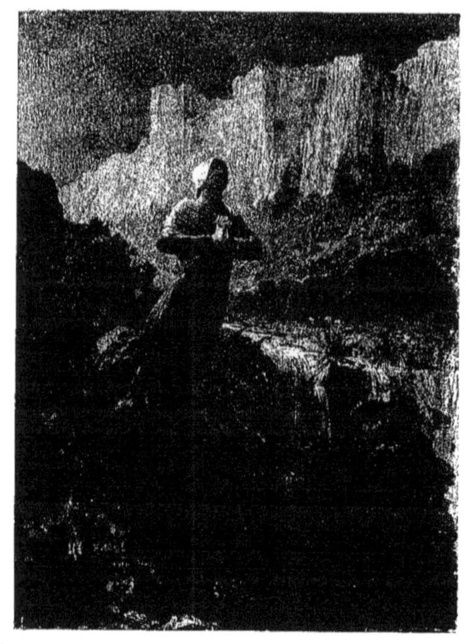

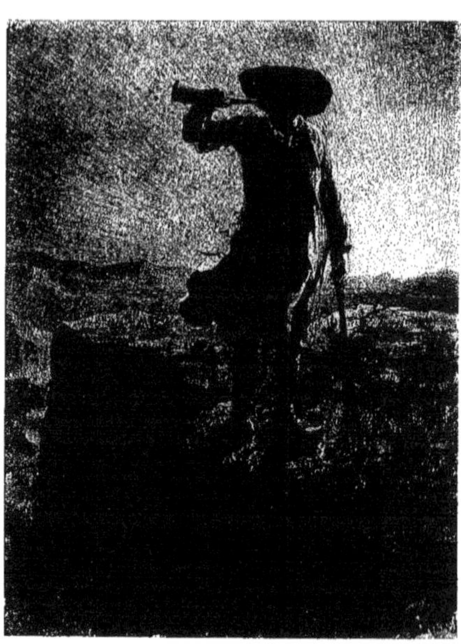

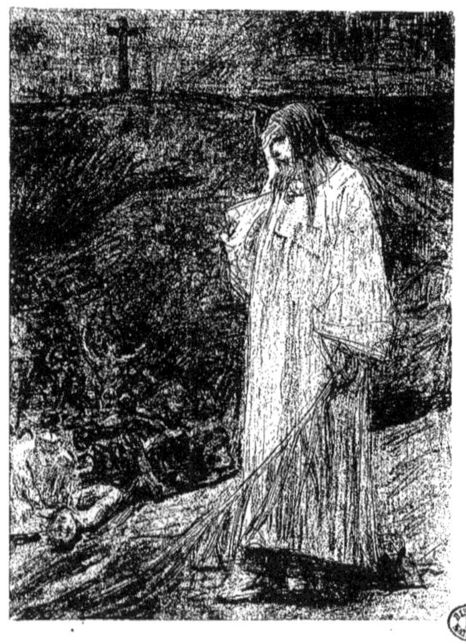

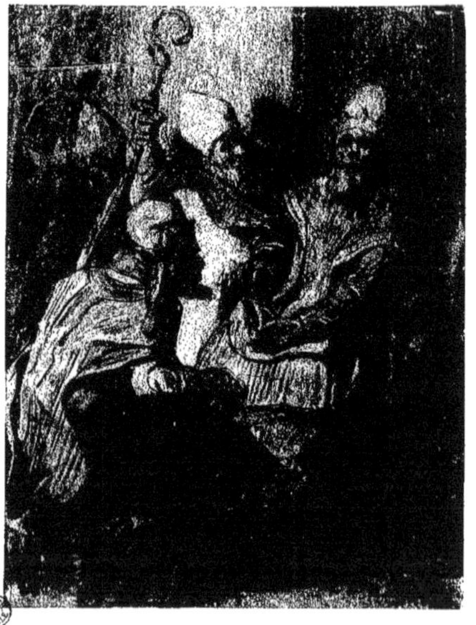

h — FÉLICE

i — APRÈS XIX SIÈCLES

j — CHEVRIER

k — LE PAPE FORMOSE

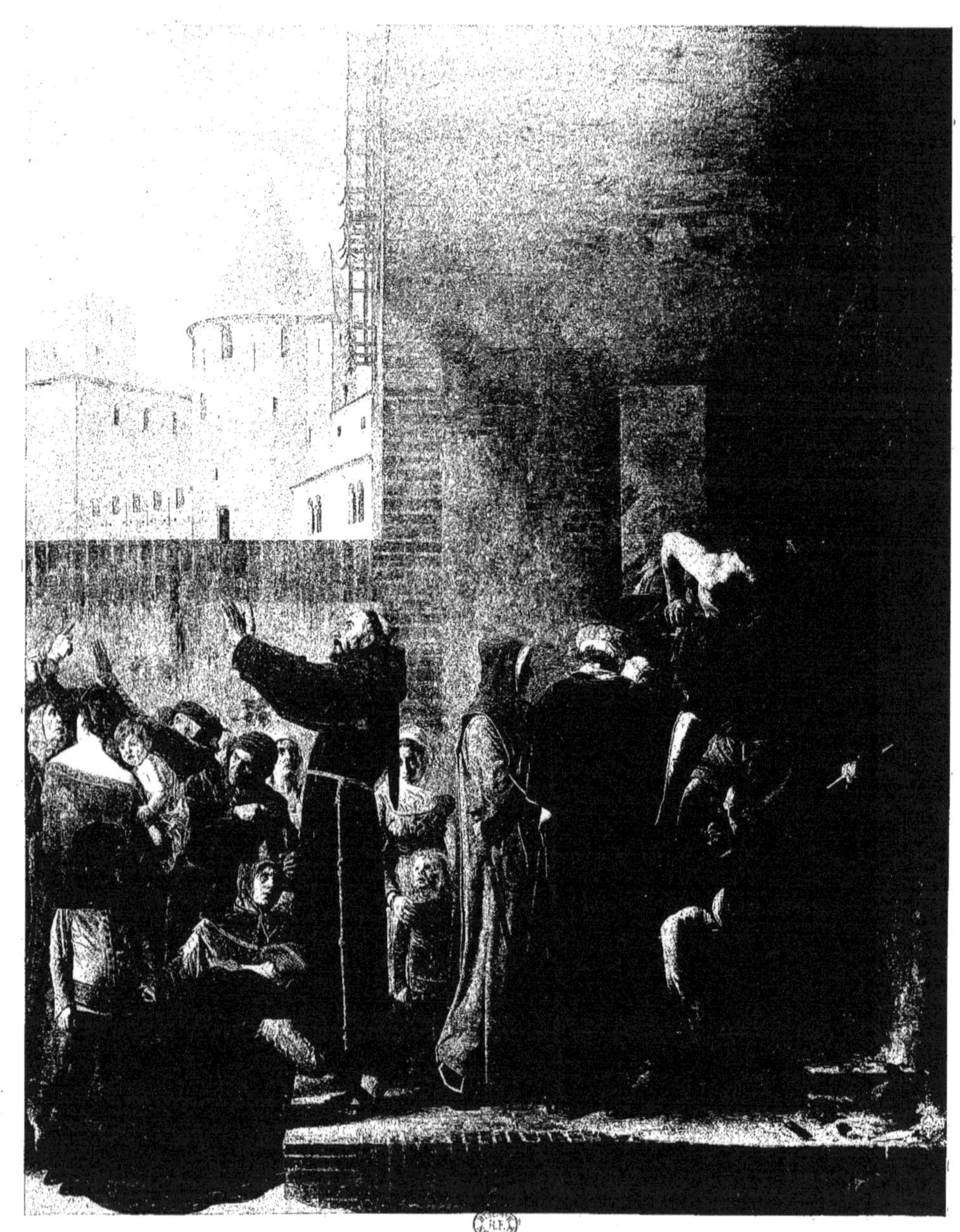

I — LES EMMURÉS DE CARCASSONNE

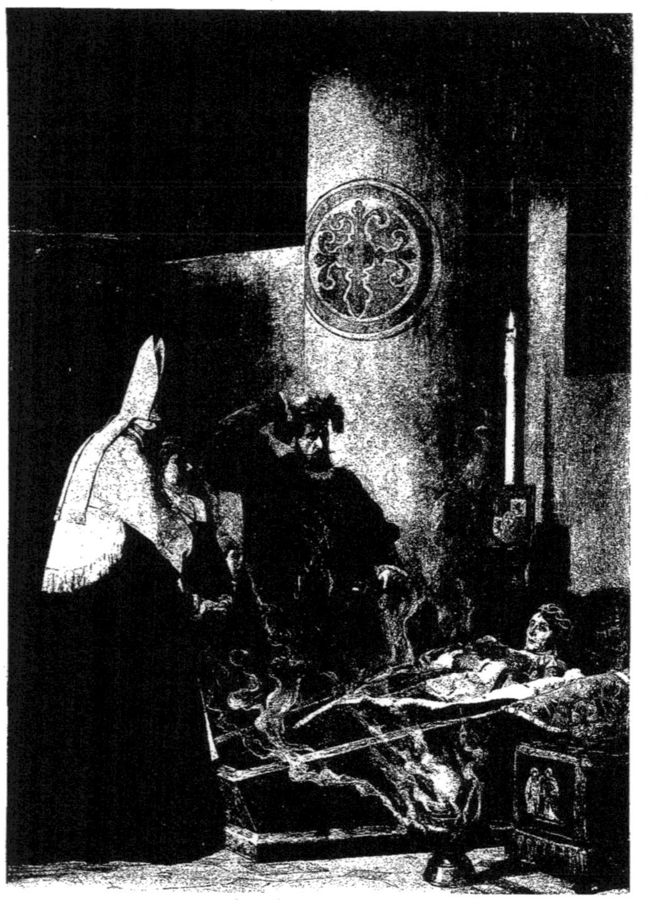

m — FRANÇOIS DE BORGIA

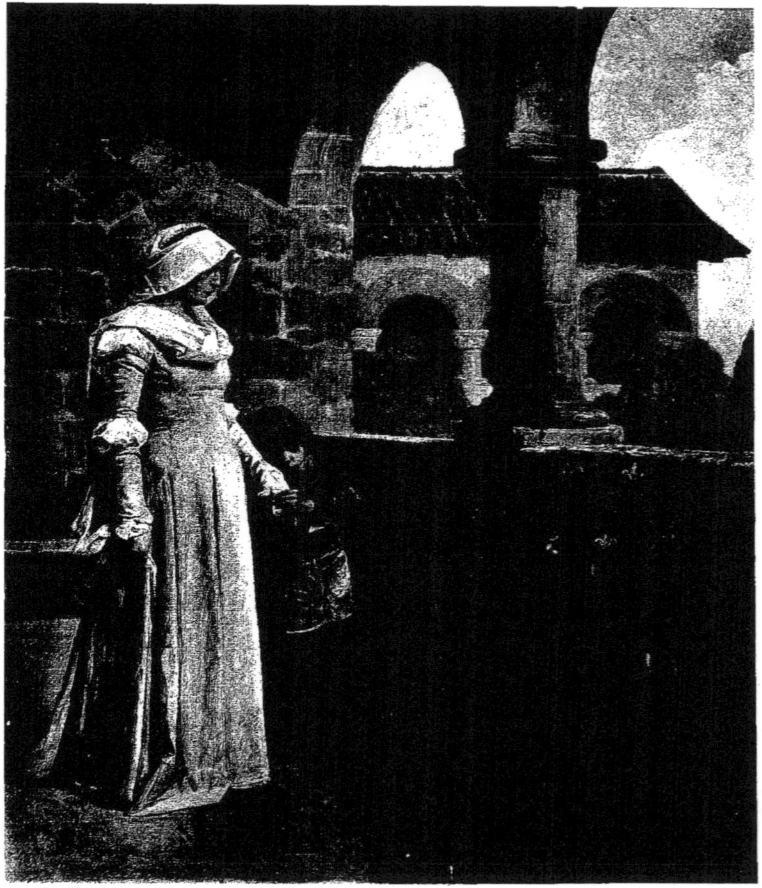

n — GRISELDA

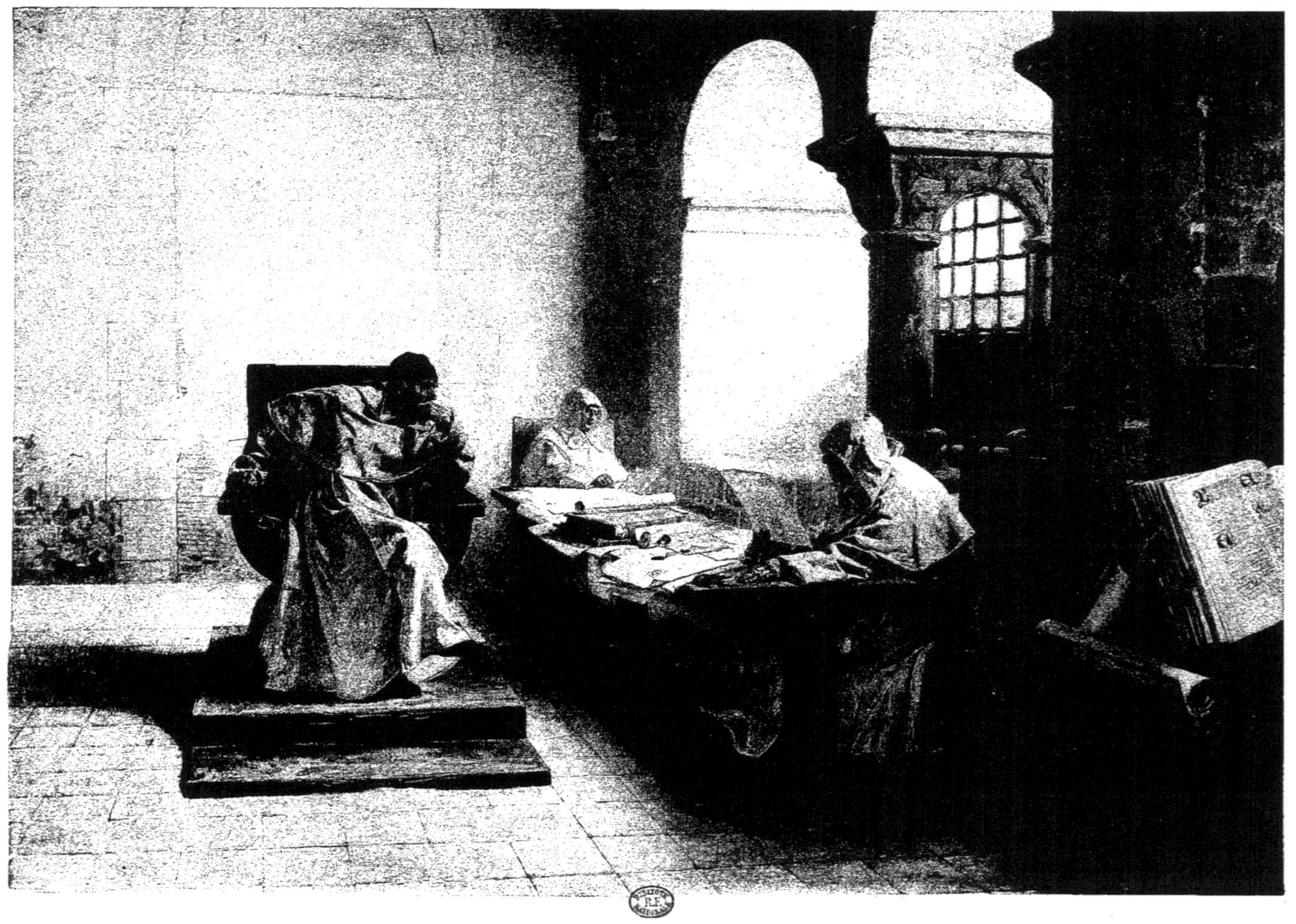

o — LES HOMMES DU SAINT OFFICE

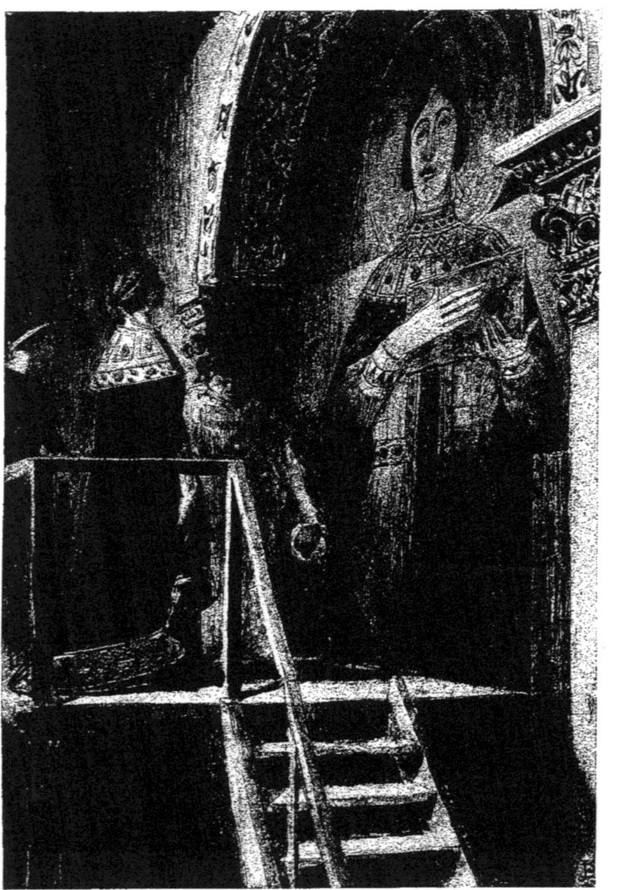

p — IRÈNE

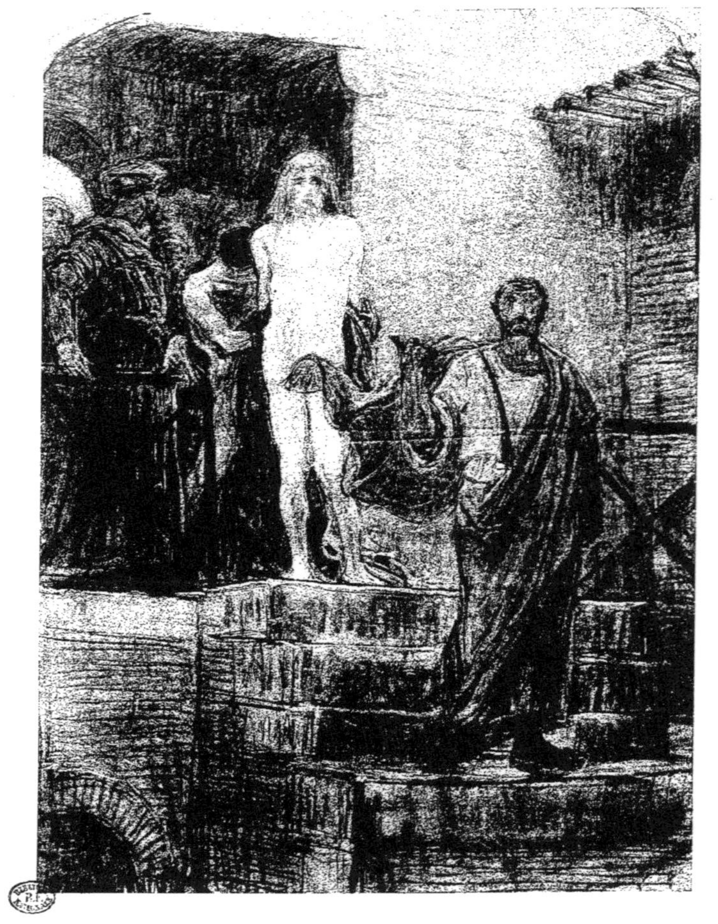

q — ECCE HOMO

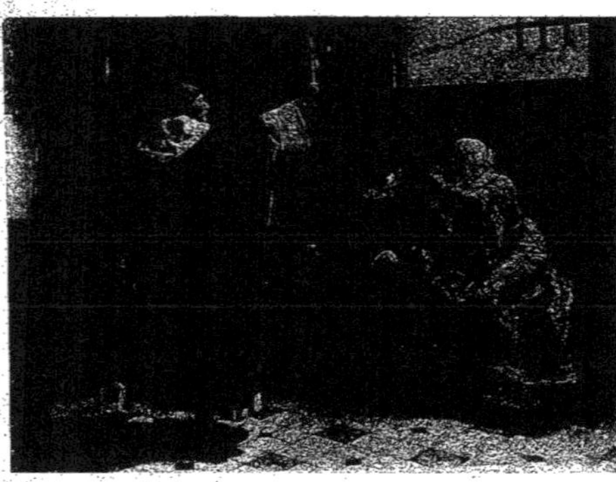

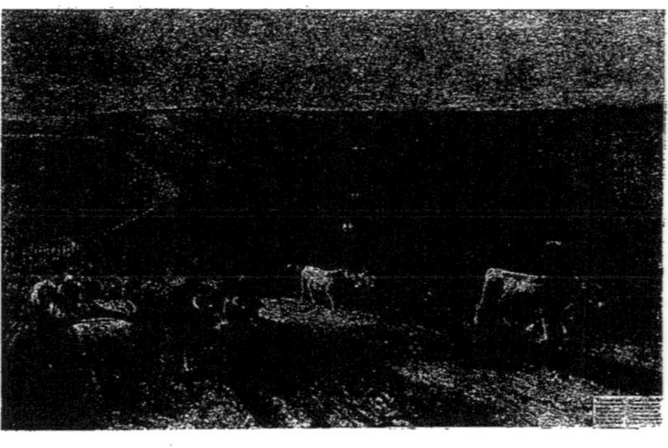

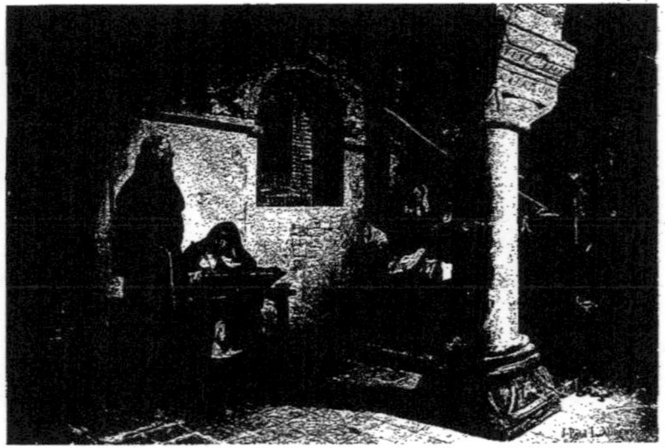

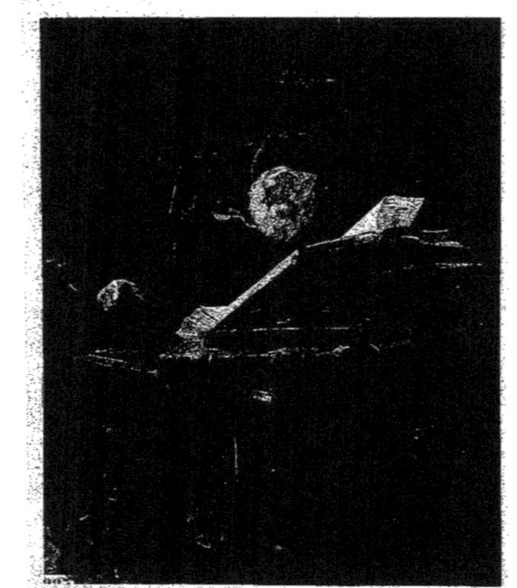

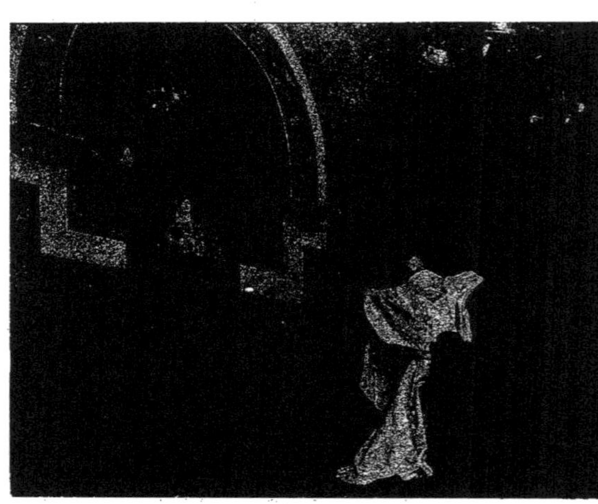

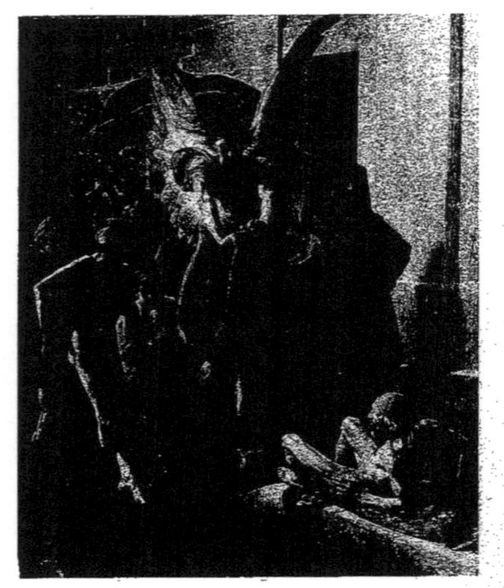

r — LES ROIS CATHOLIQUES
s — L'ALCHIMISTE

t — LE LAURAGUAIS
u — SAINT JEAN CHRYSOSTOME

v — L'INTERROGATOIRE
x — LA PISCINE DE BETHESDA

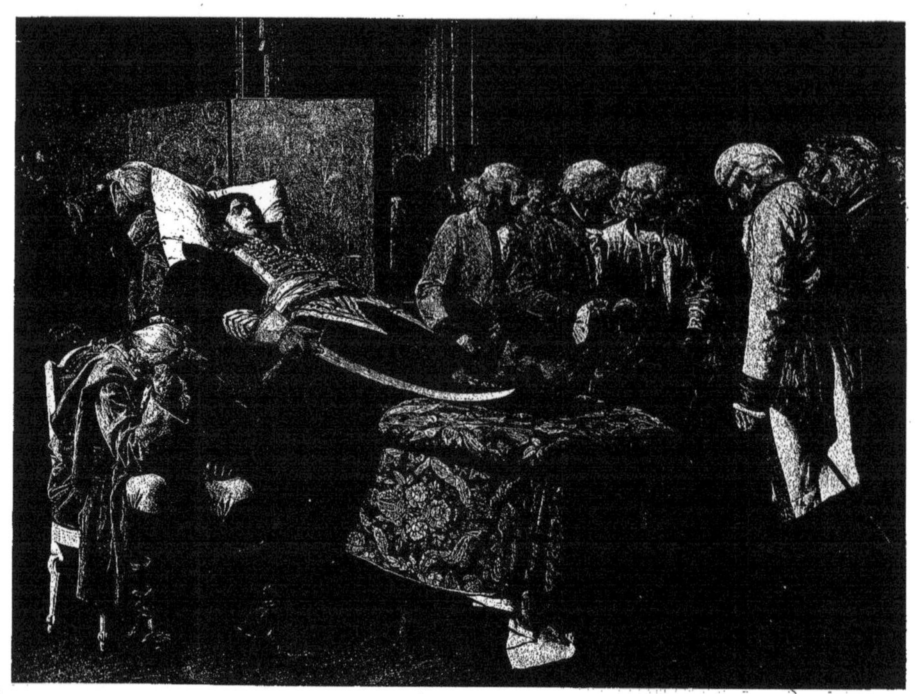

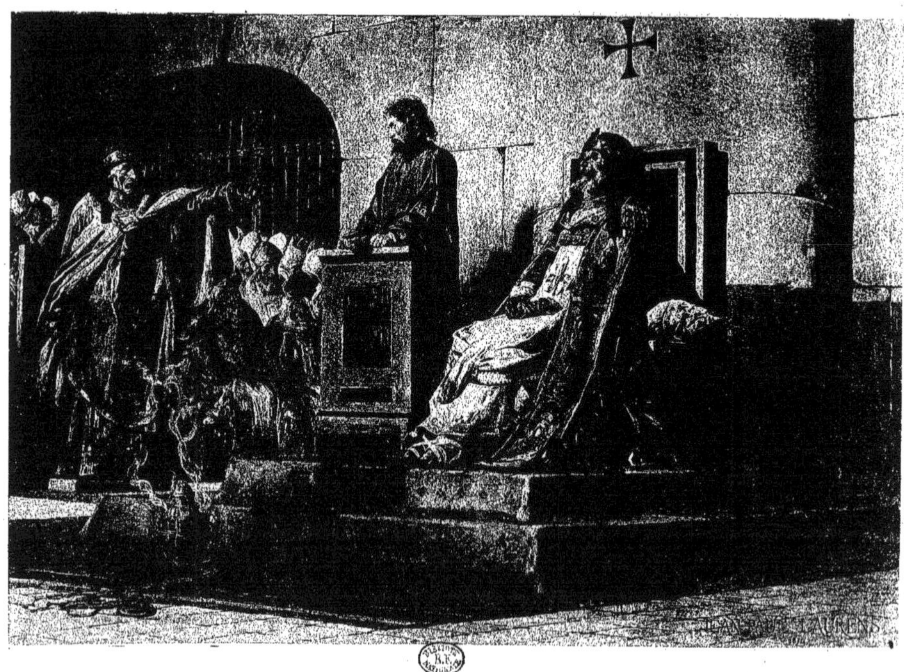

y — MARCEAU

z — LE PAPE FORMOSE

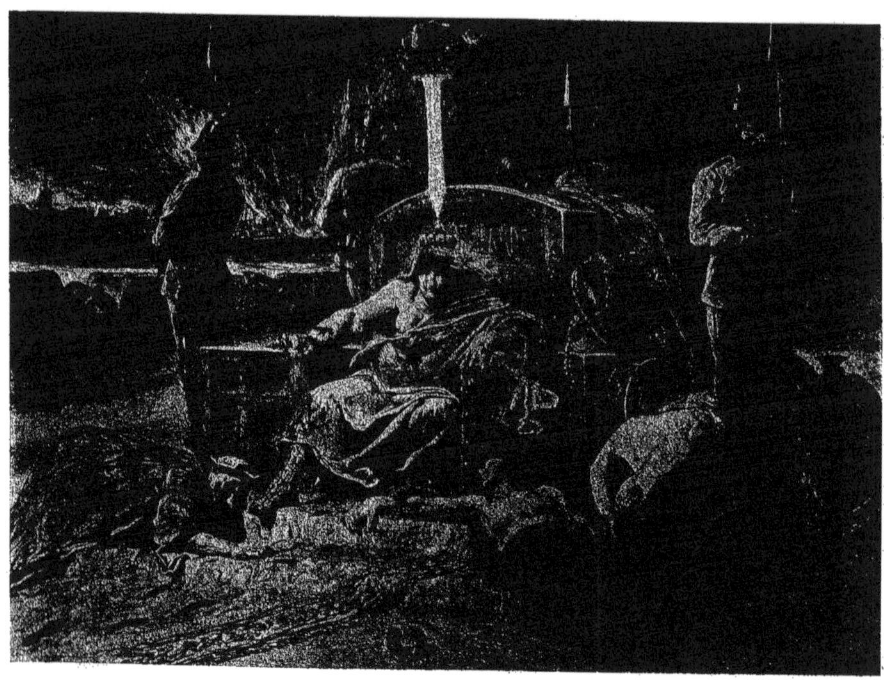

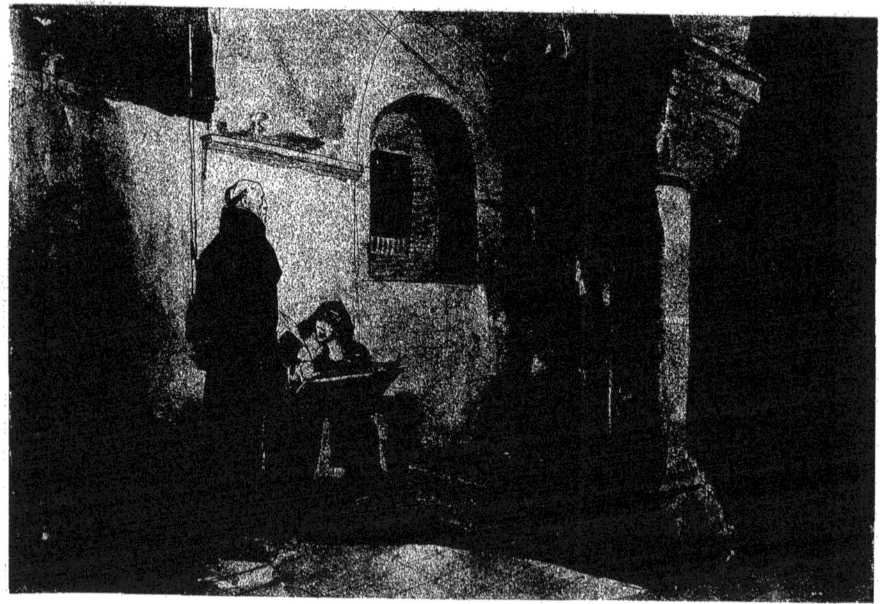

ab — L'ÉPÉE

ac — L'INTERROGATOIRE

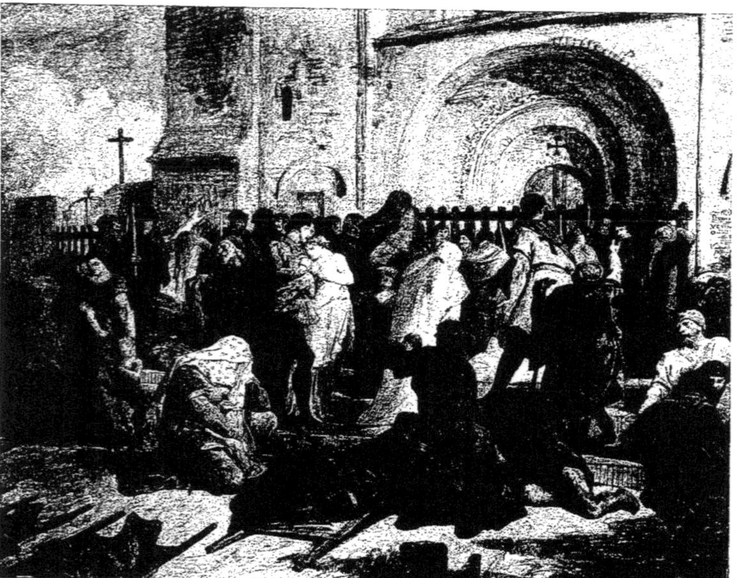

ad — L'INTERDIT

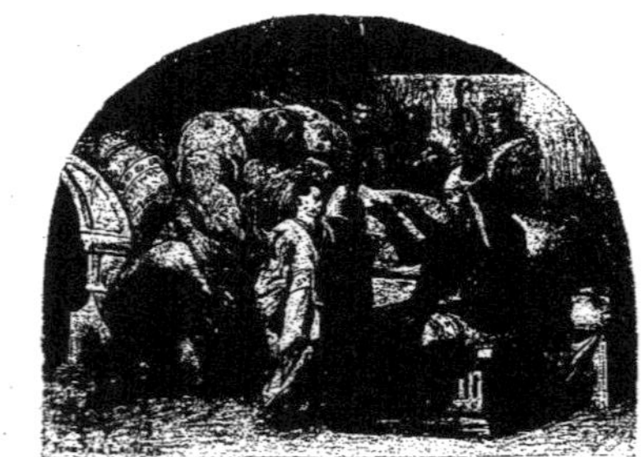

ae — SAINT-AMBROISE

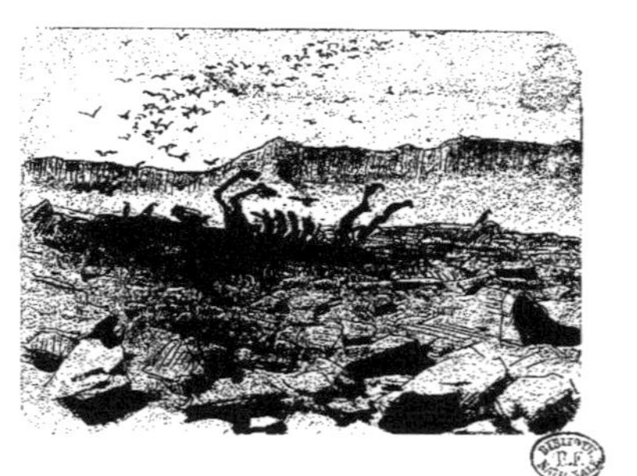

af — LA CARCASSE

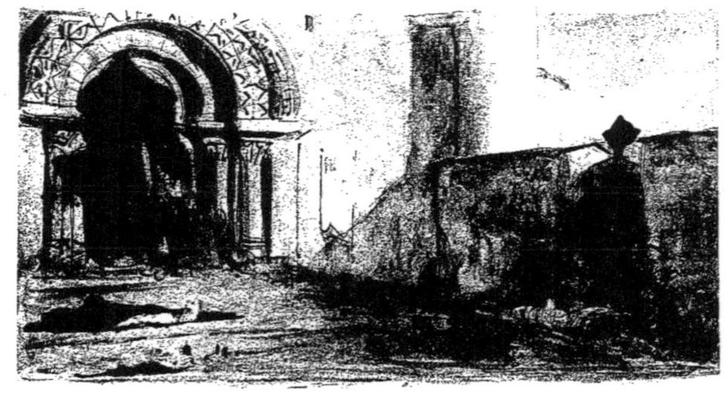

ag — L'INTERDIT

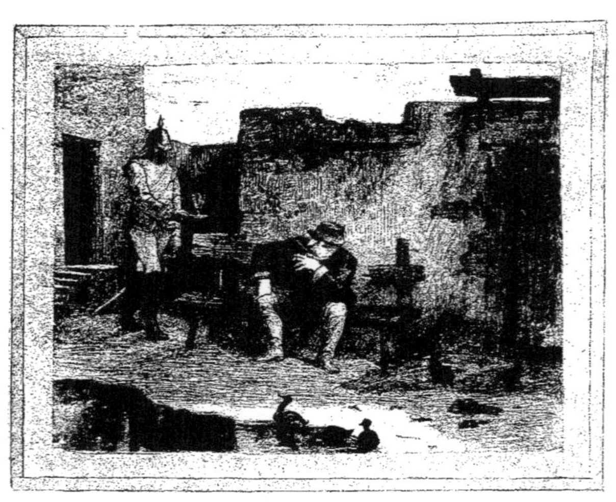

ah — LE VERRE D'EAU

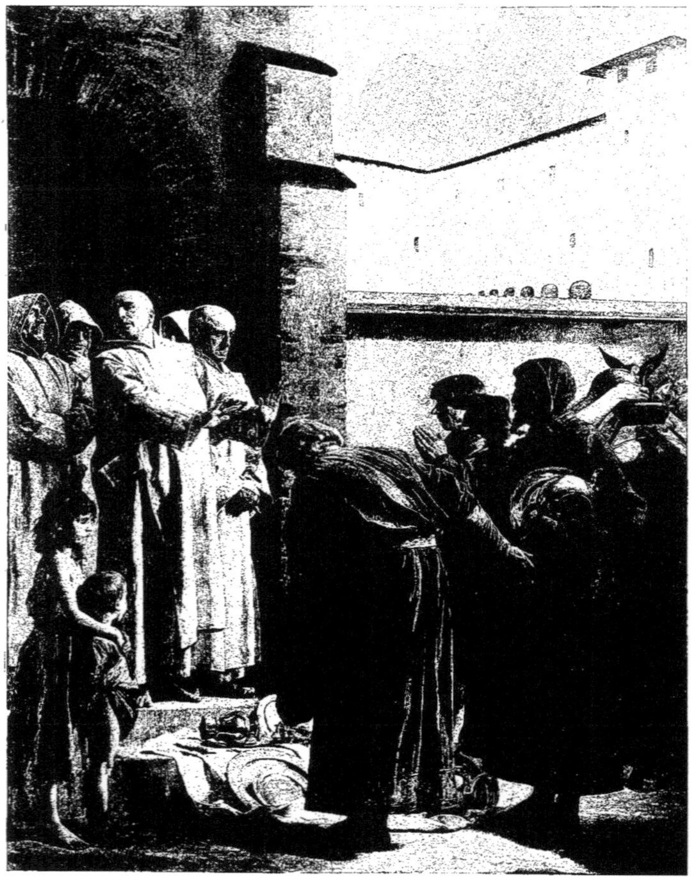

ai — SAINT BRUNO

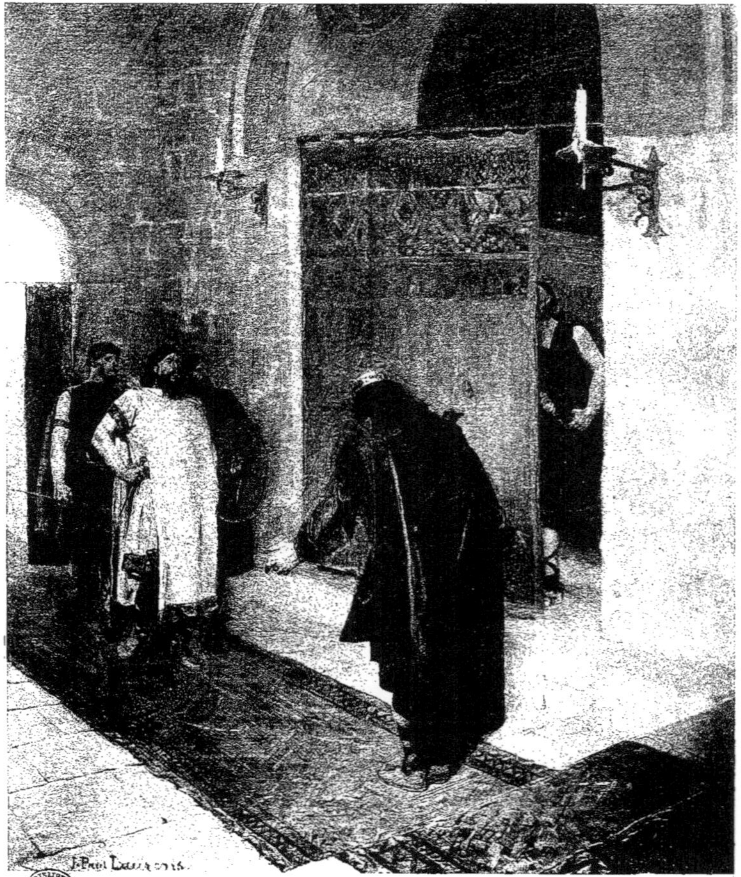

aj — LE GUET-APENS

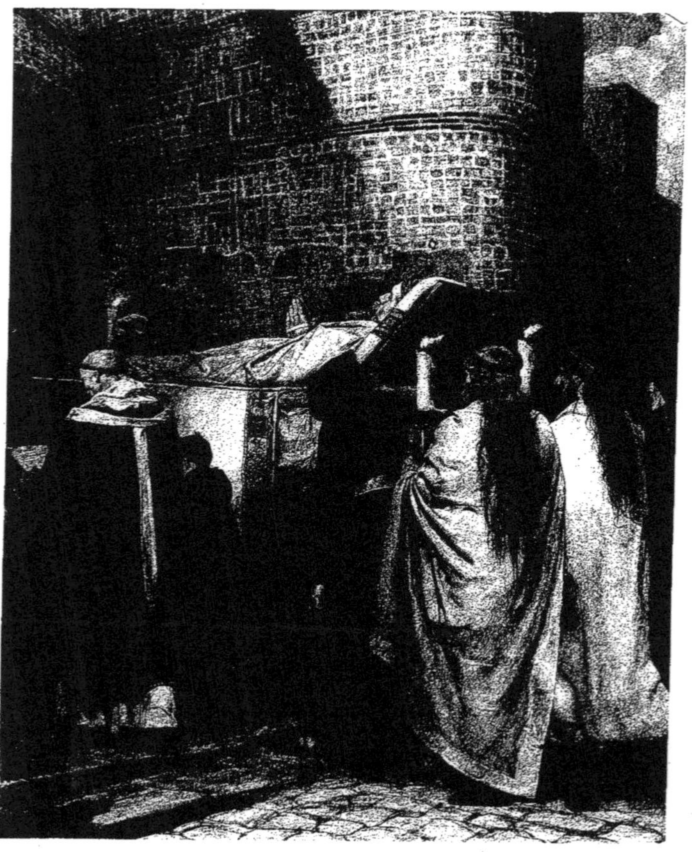

ak — LES FUNÉRAILLES DE CLOTAIRE

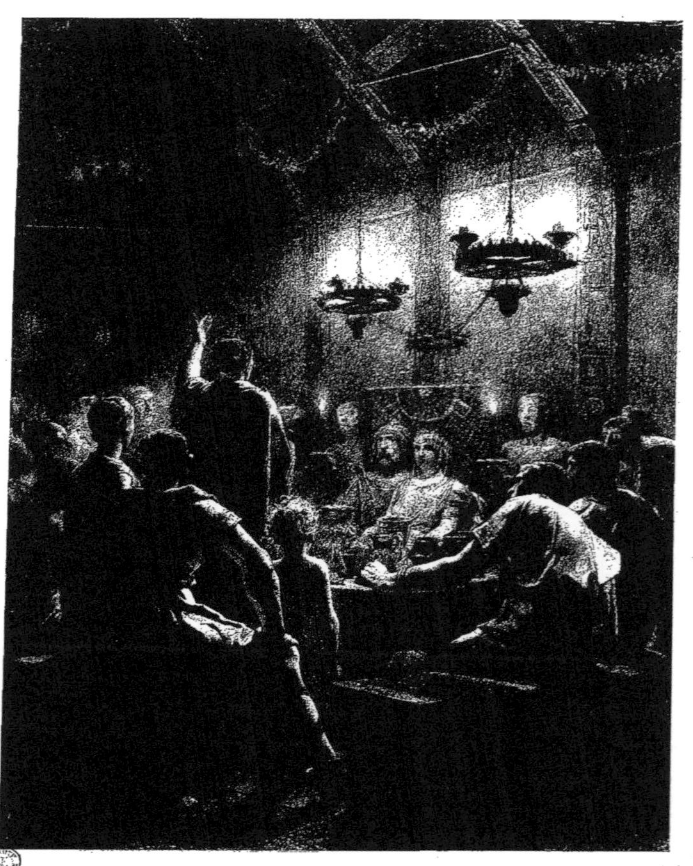

al — LE BANQUET DE SIGEBERT

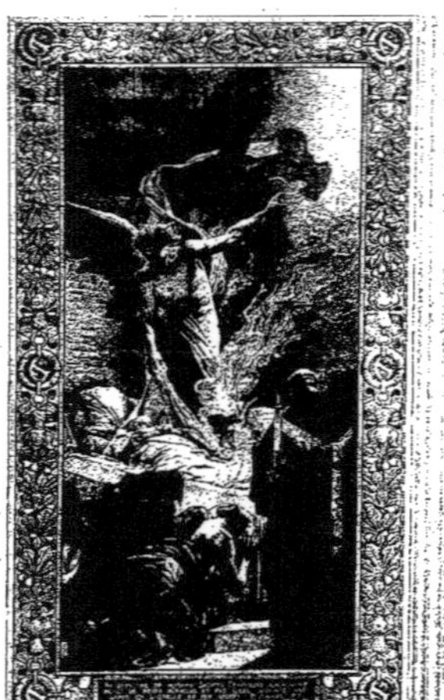
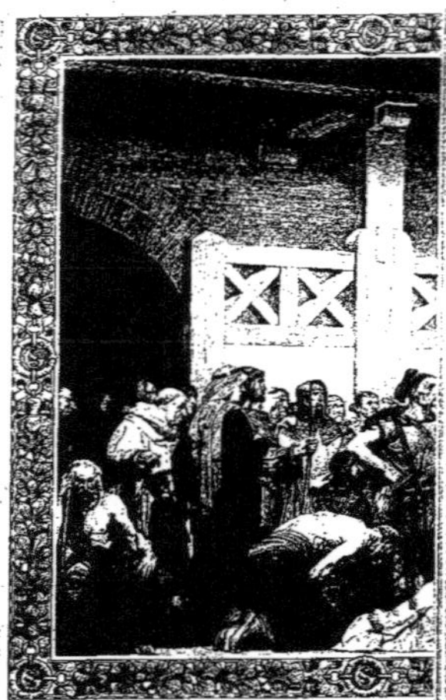
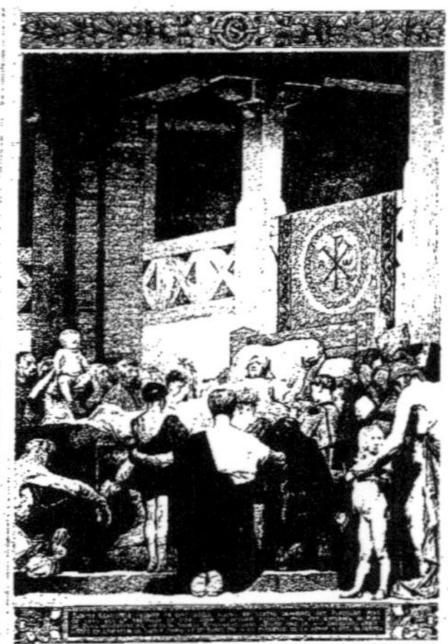
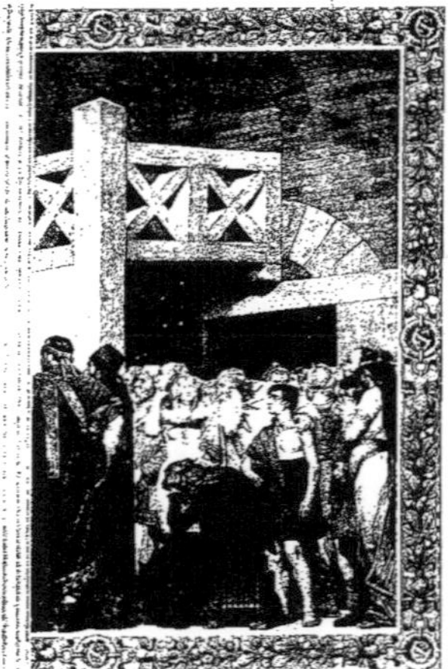

am — DÉCORATION DU PANTHÉON

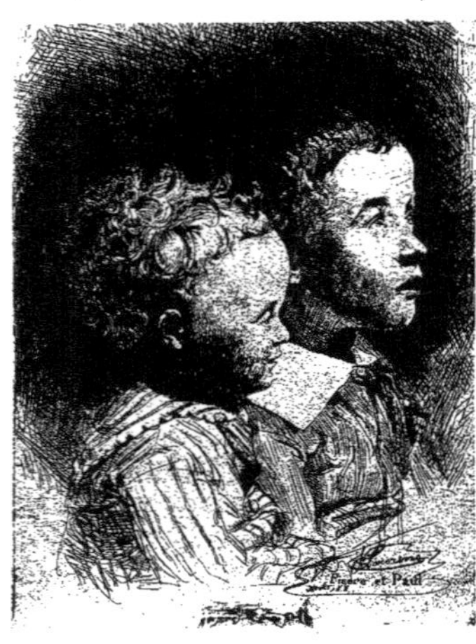

PIERRE & PAUL

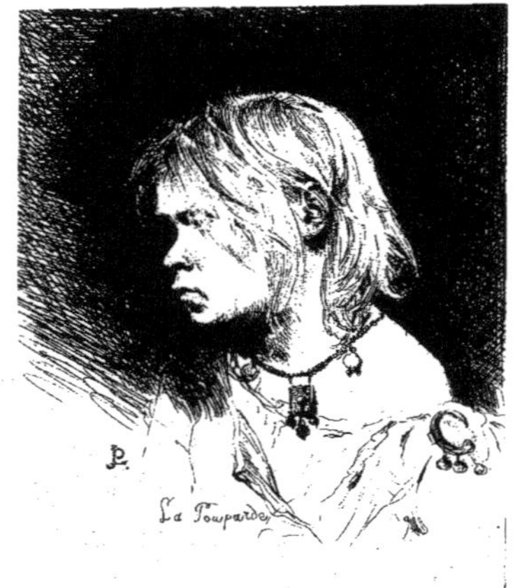

ao — LA POUPARDE

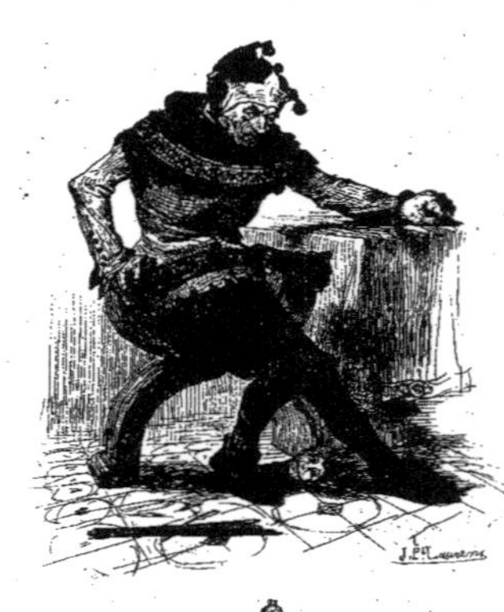

ap — TRIBOULET

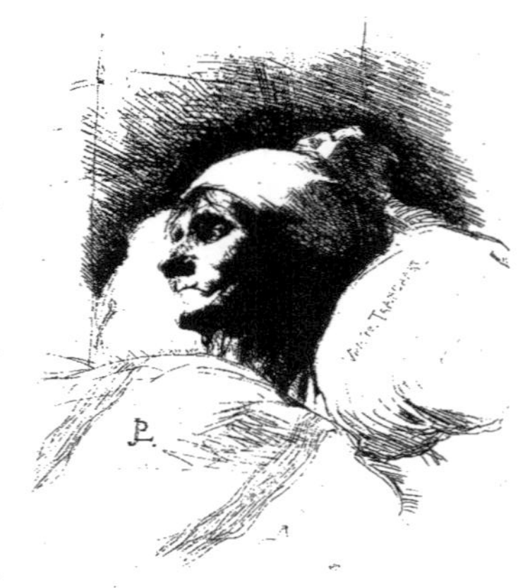

aq — VICTOIRE TRANCHARD

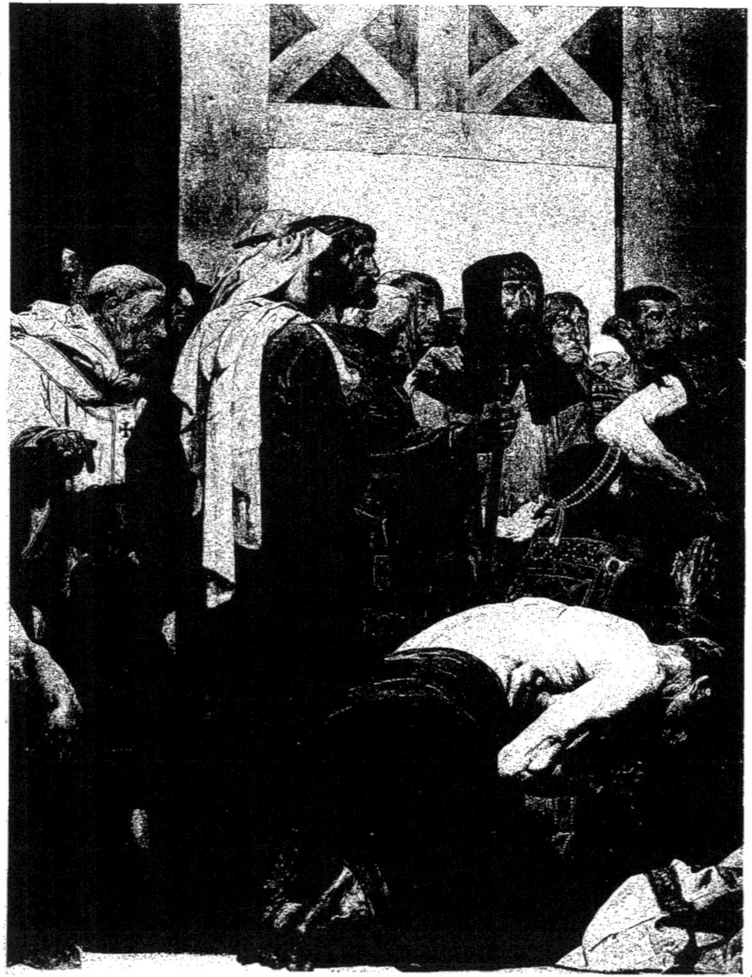

ar — DÉTAILS DE LA DÉCORATION DU PANTHÉON

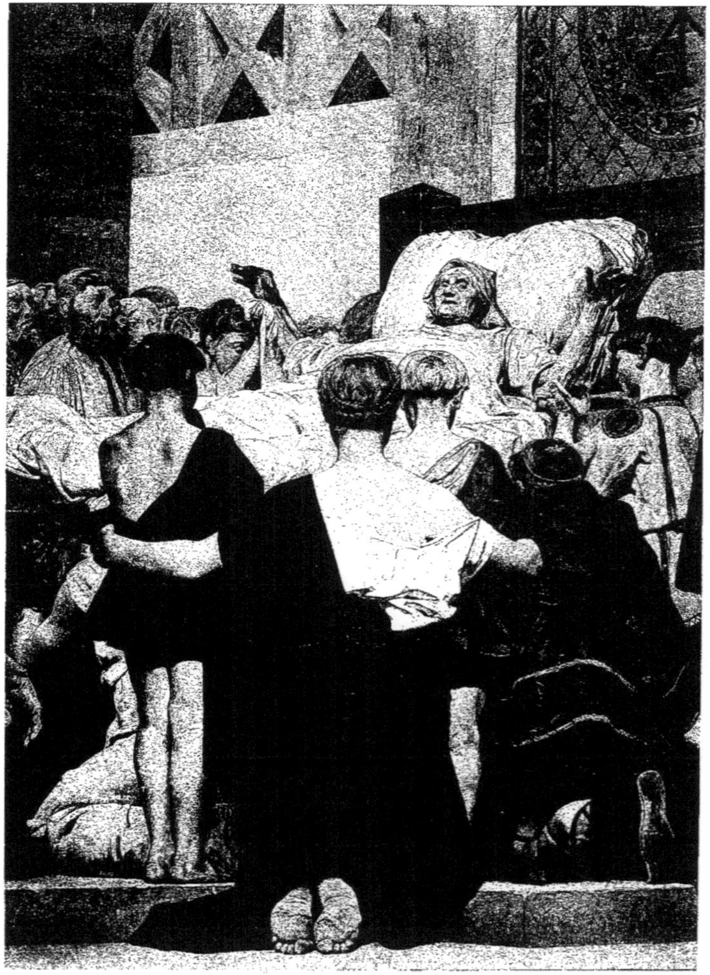

— DÉTAILS DE LA DÉCORATION DU PANTHÉON

at — FAUST

au — FAUST

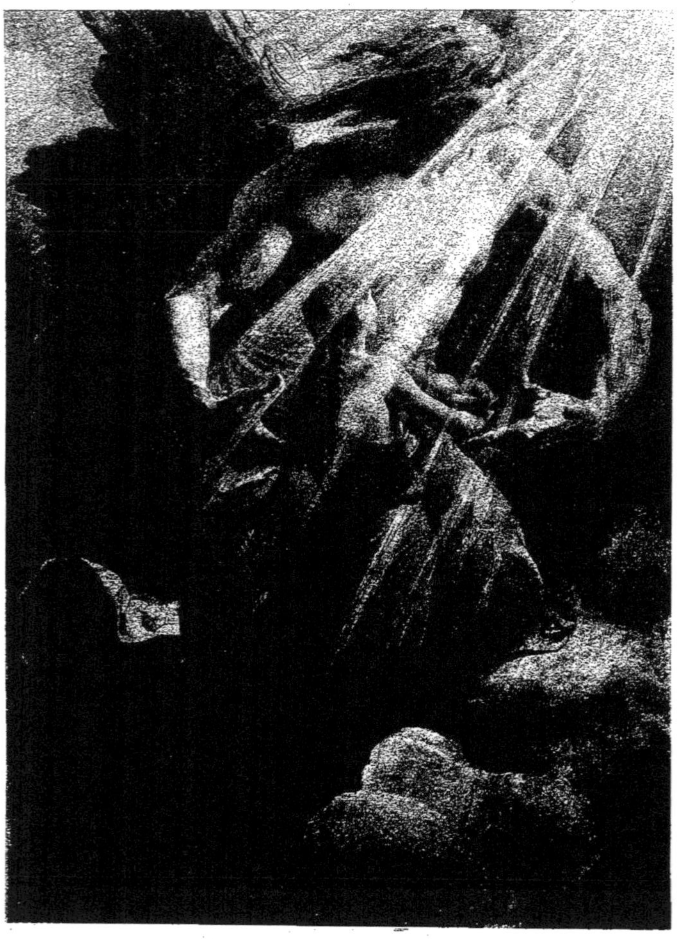

av — FAUST

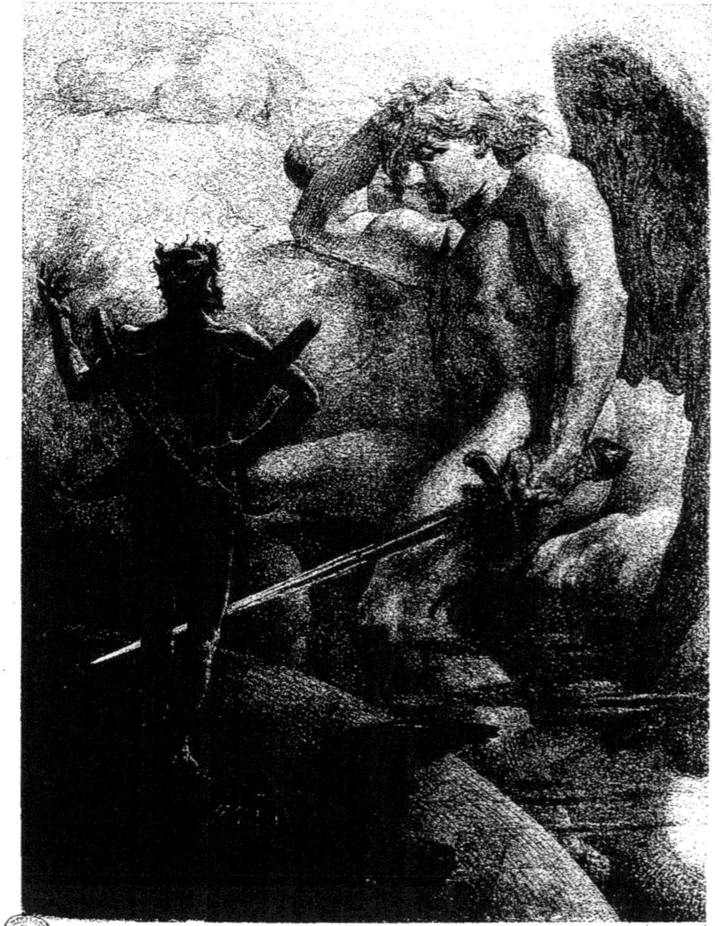

ax — FAUST

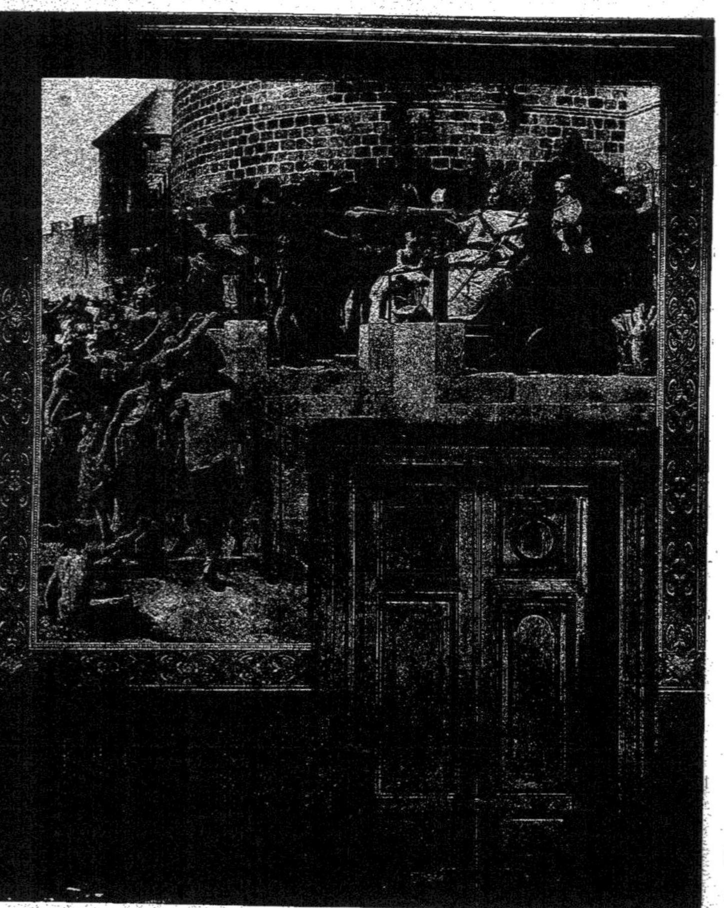

27 — LA DISTRIBULION DES CHARTES

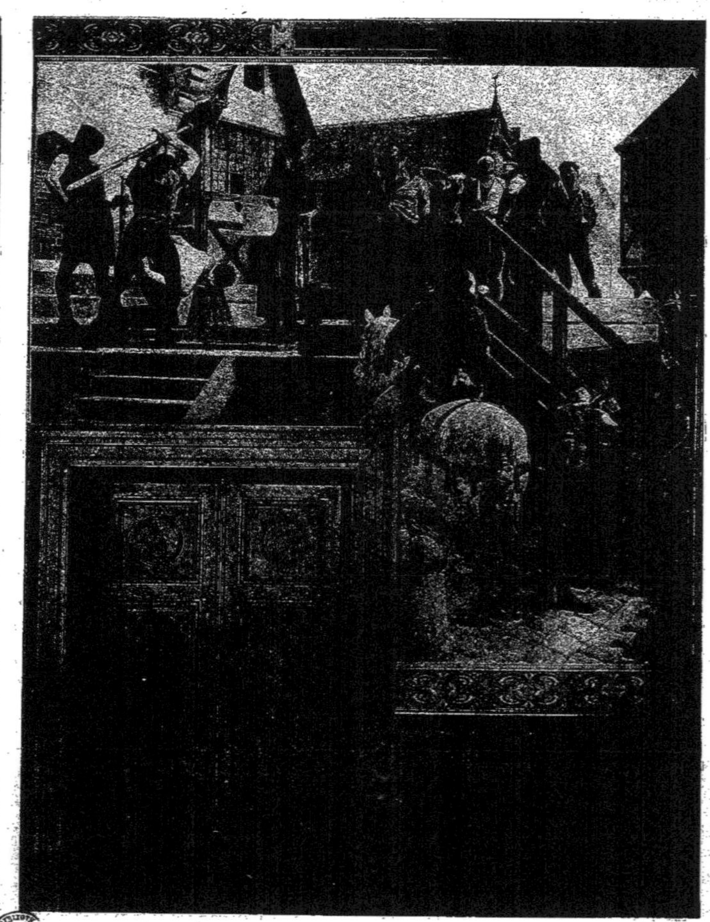

27 — LA RÉPRESSION DES MAILLOTINS

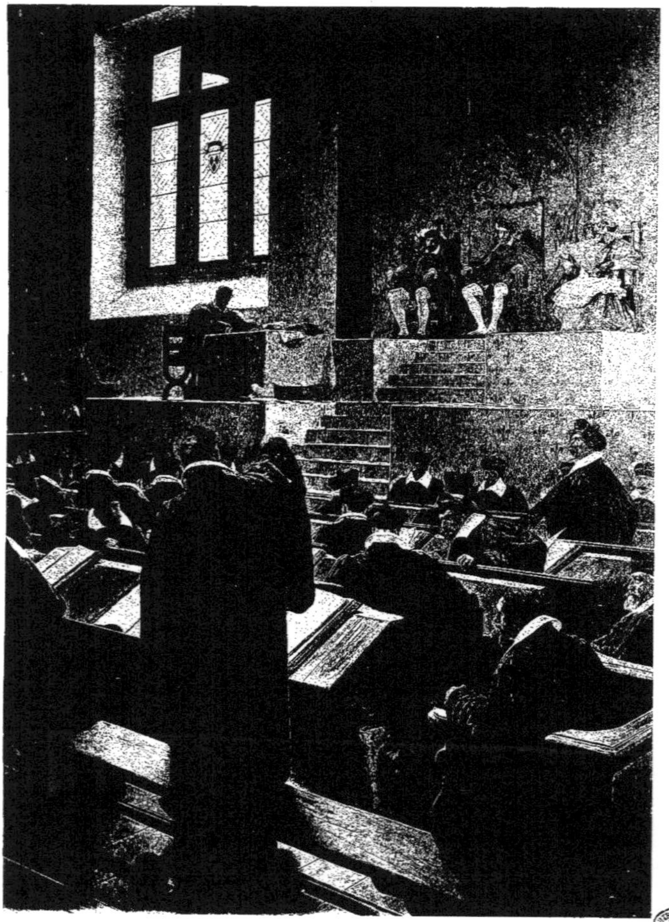

ba — ANNE DU BOURG

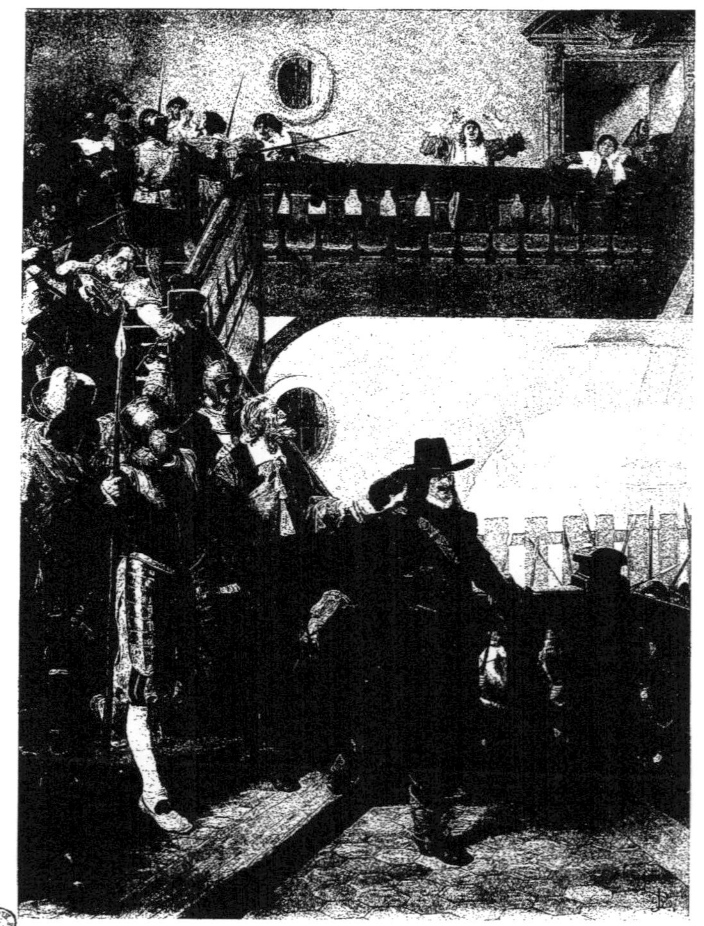

bb — BROUSSEL

LA VOUTE D'ACIER
JOURNÉE DU 17 JUILLET 1789

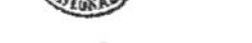

bc — LA VOUTE D'ACIER

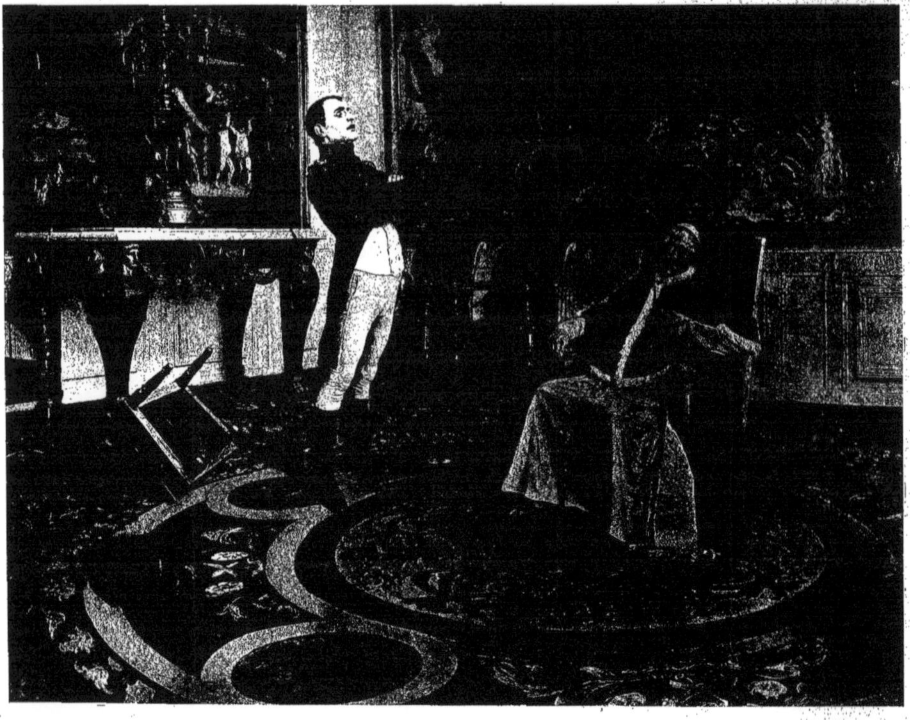

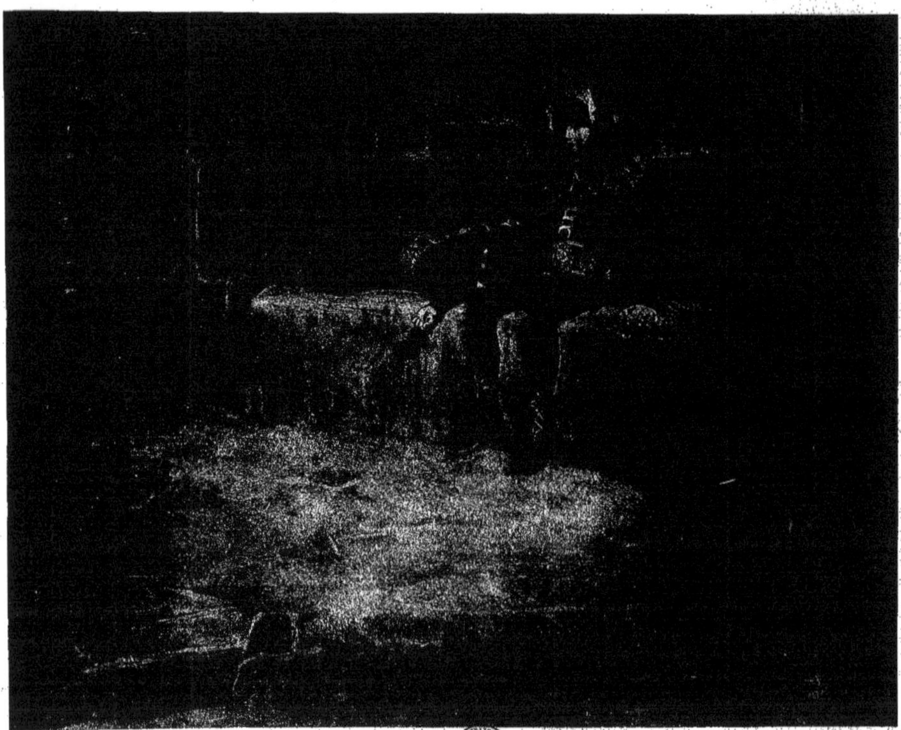

bd — LE PAPE & L'EMPEREUR

be — LES OTAGES

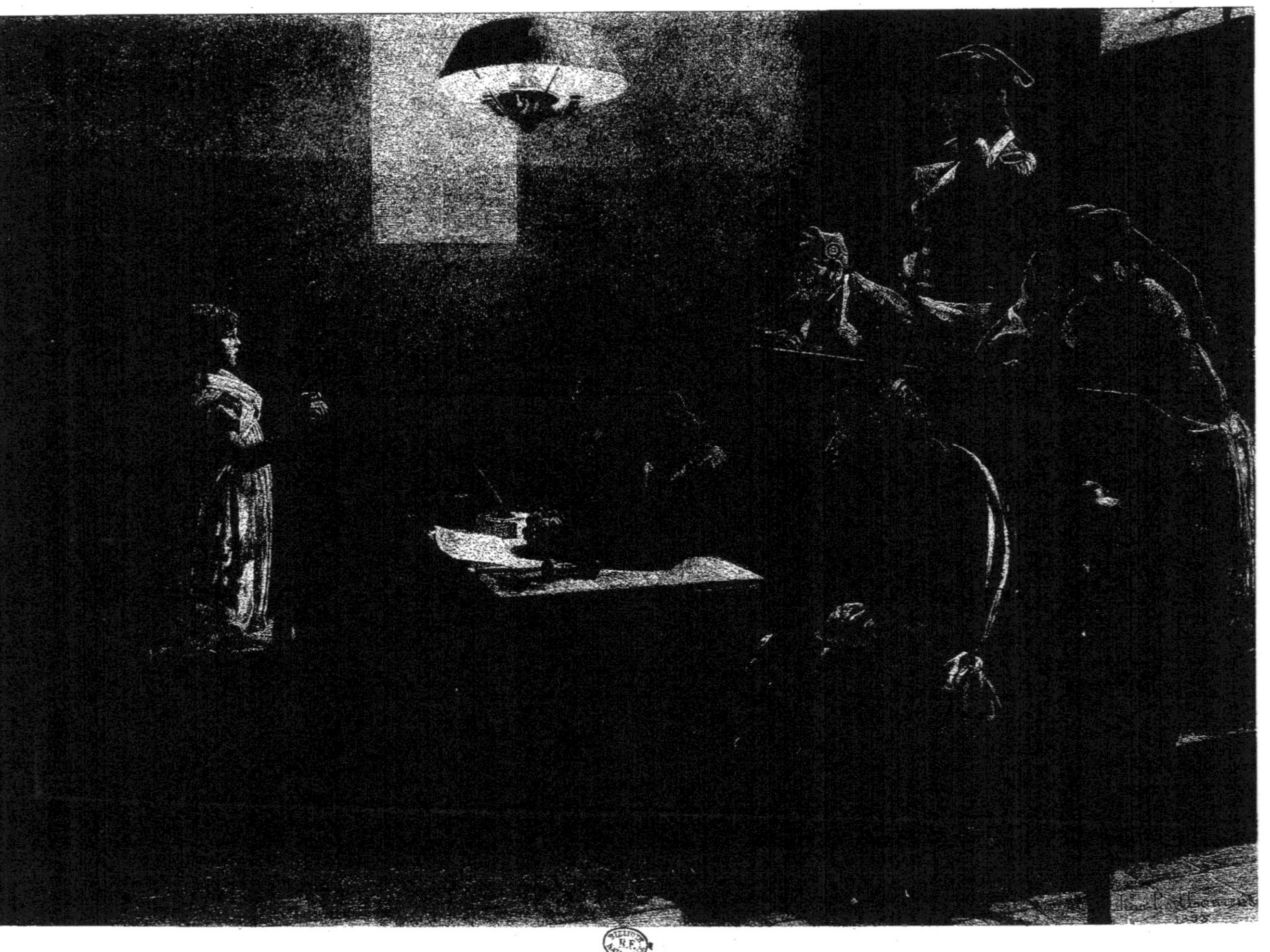

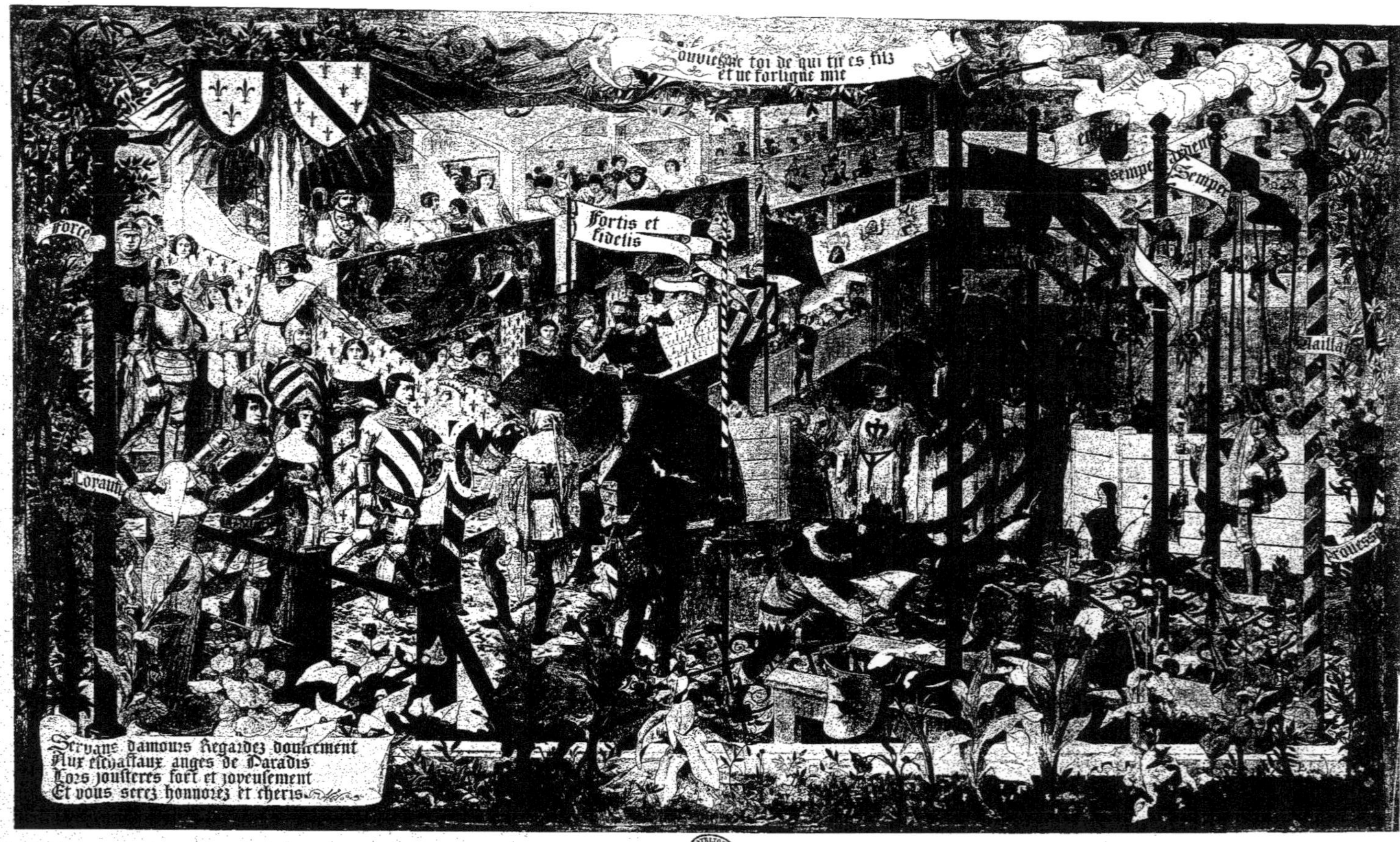

bg — LE TOURNOI

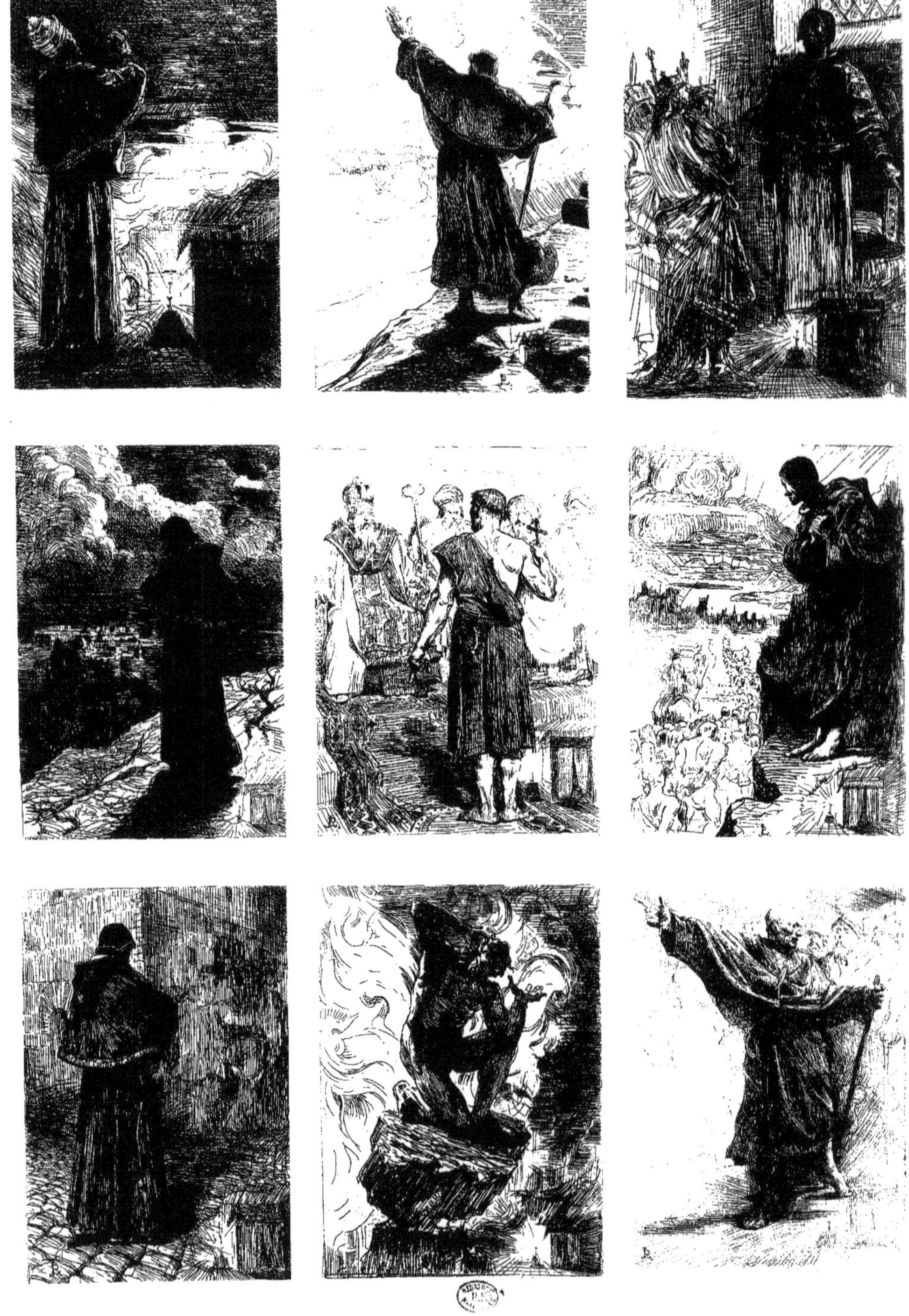

bh — LE PAPE

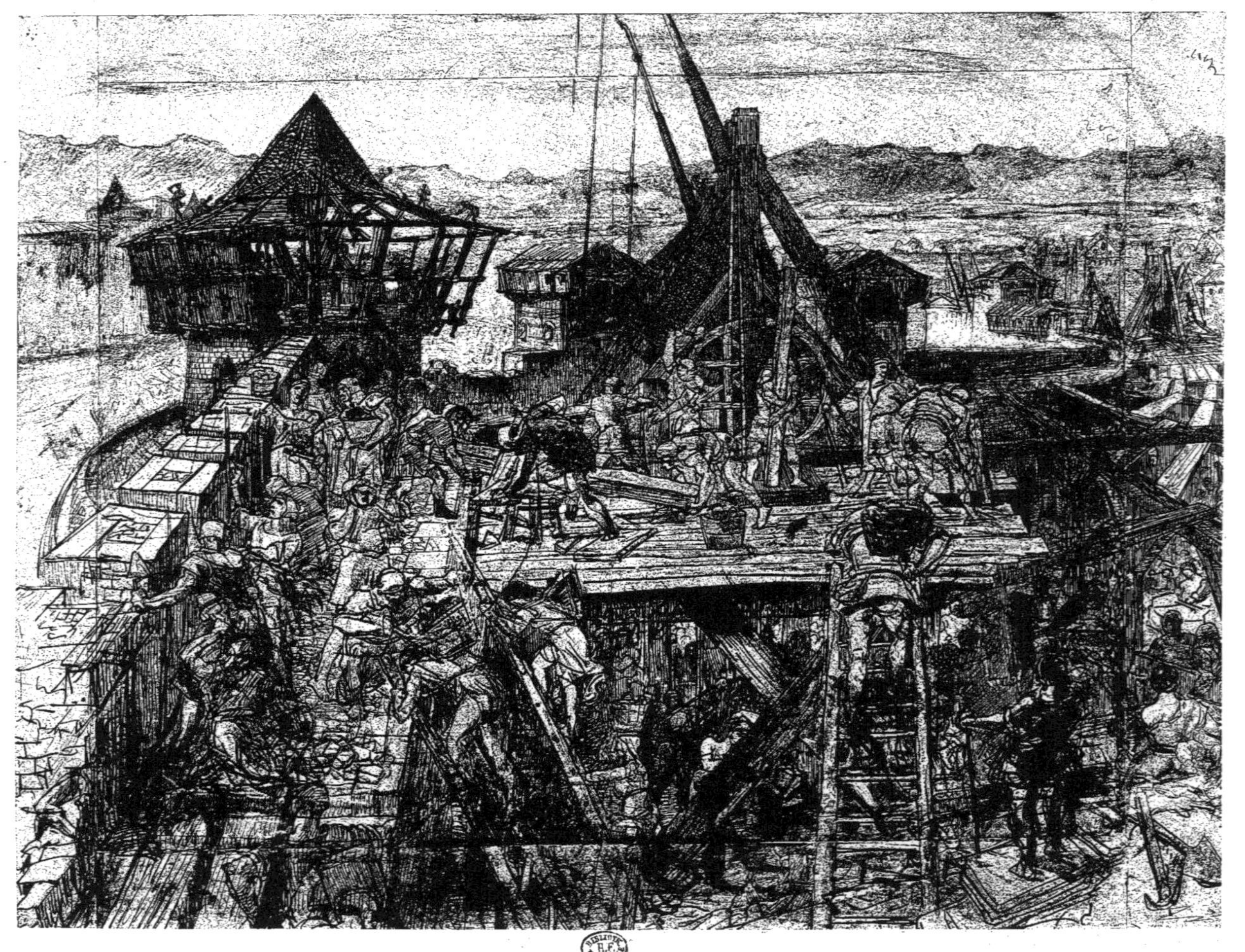

bi — LA MURAILLE

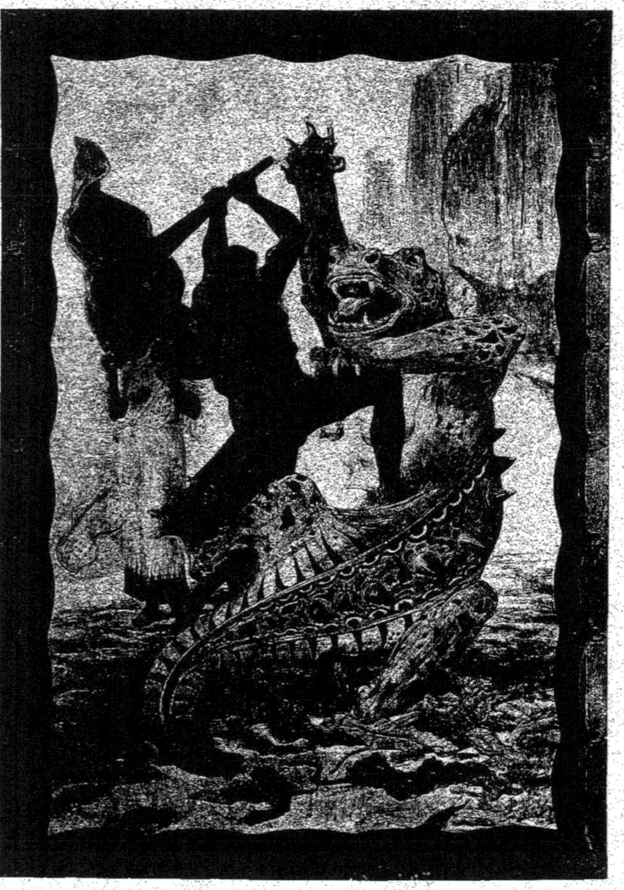

bj — HERCULE DÉLIVRANT HÉSIONE

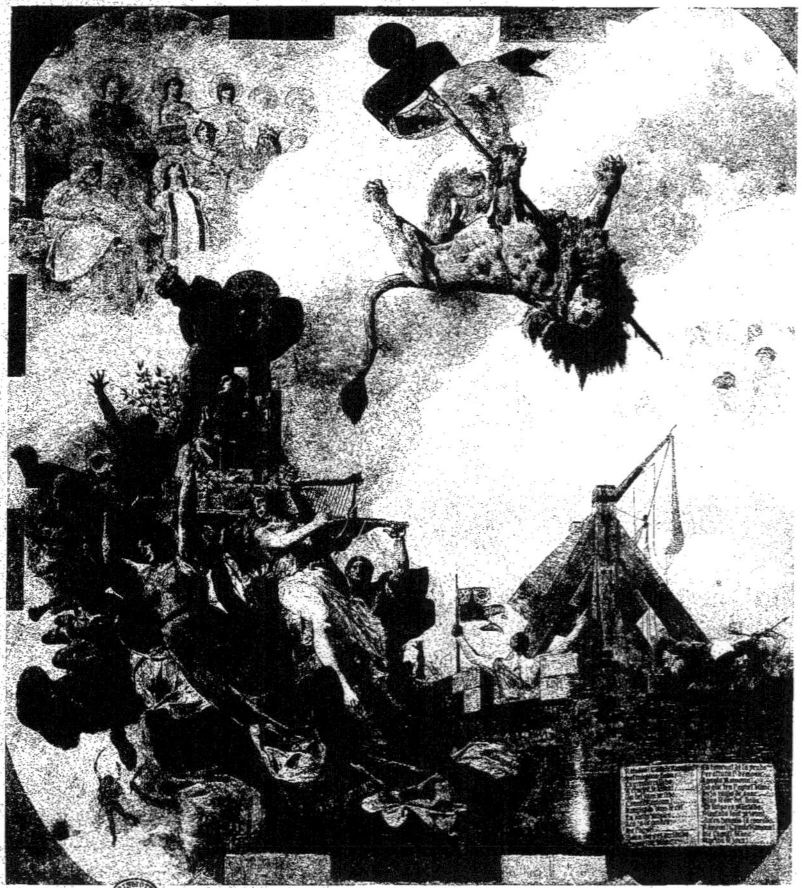

bk — TOULOUSE CONTRE MONTFORT

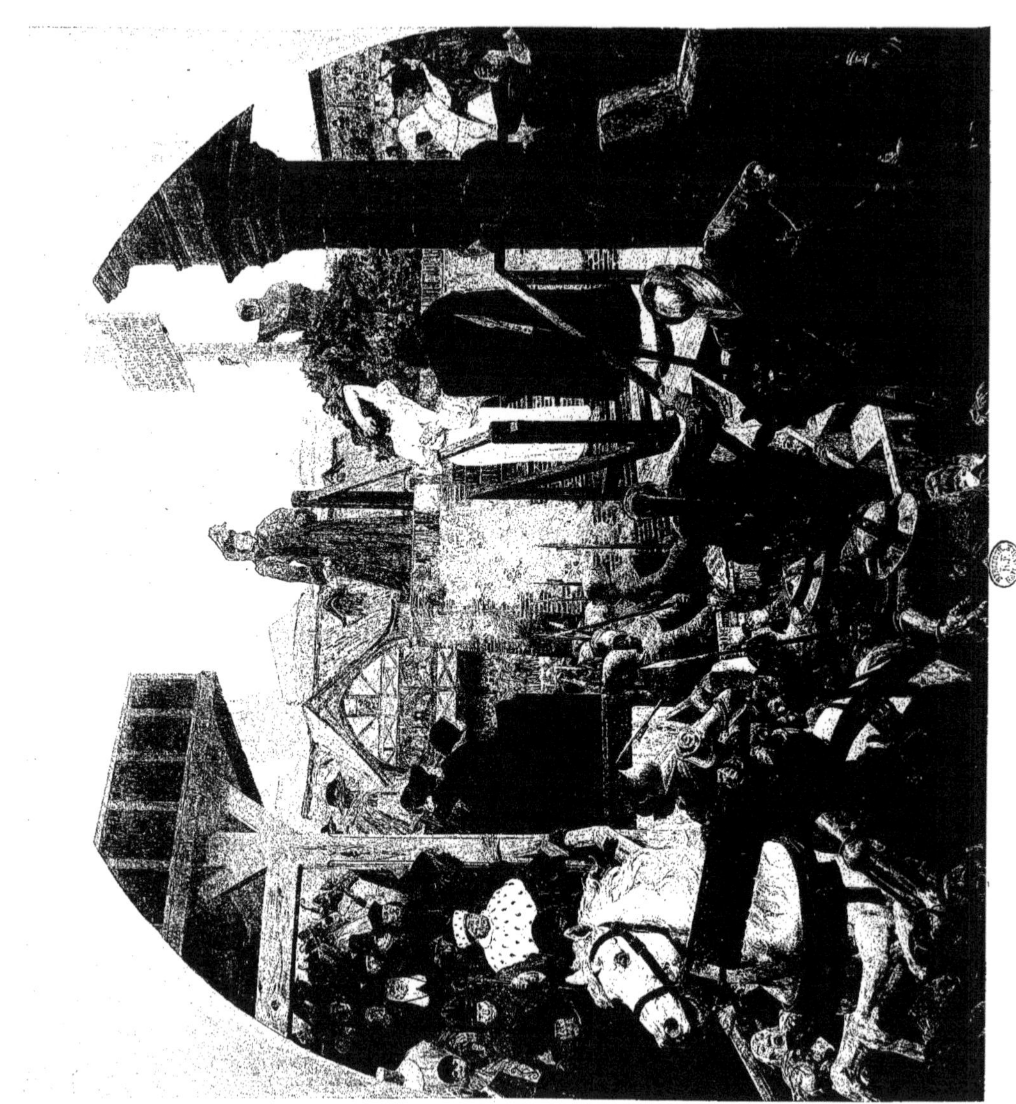

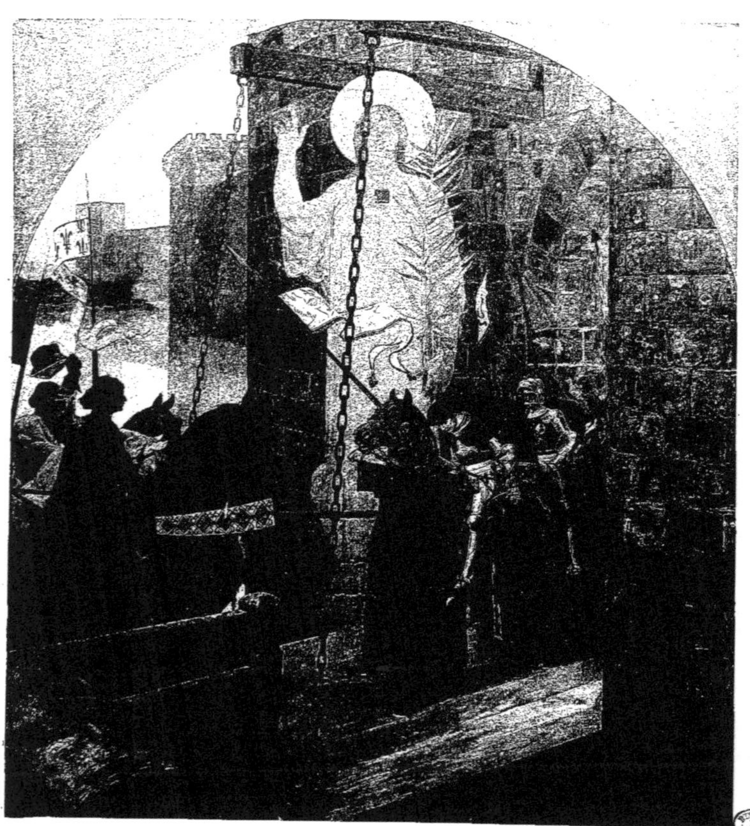

bm — JEANNE D'ARC

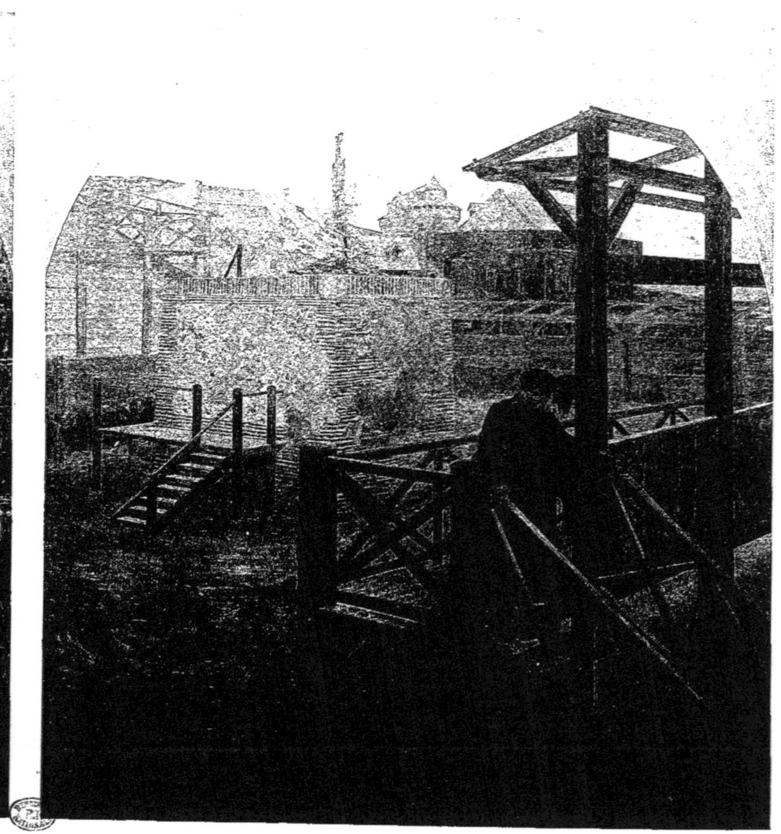

bn — JEANNE D'ARC

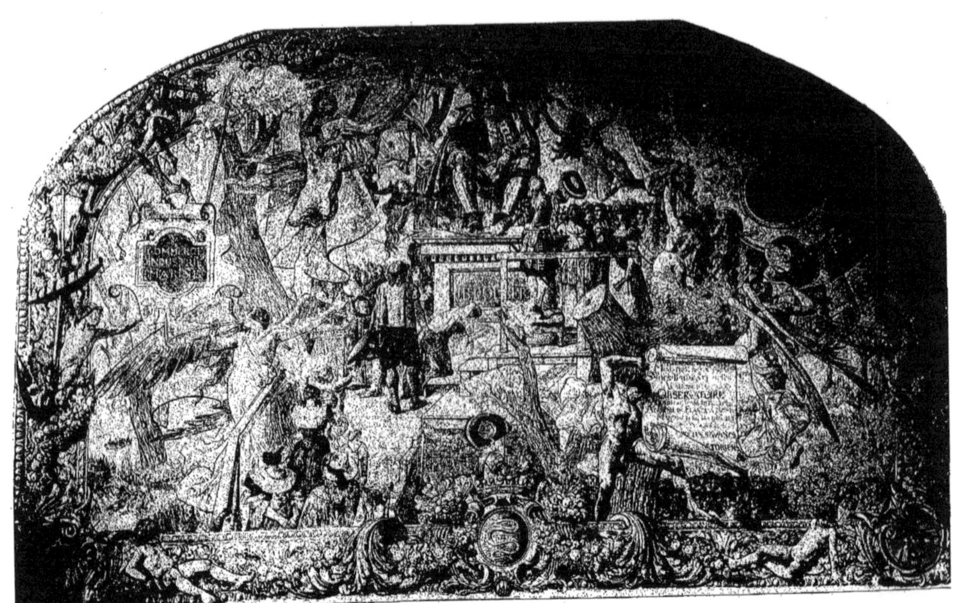

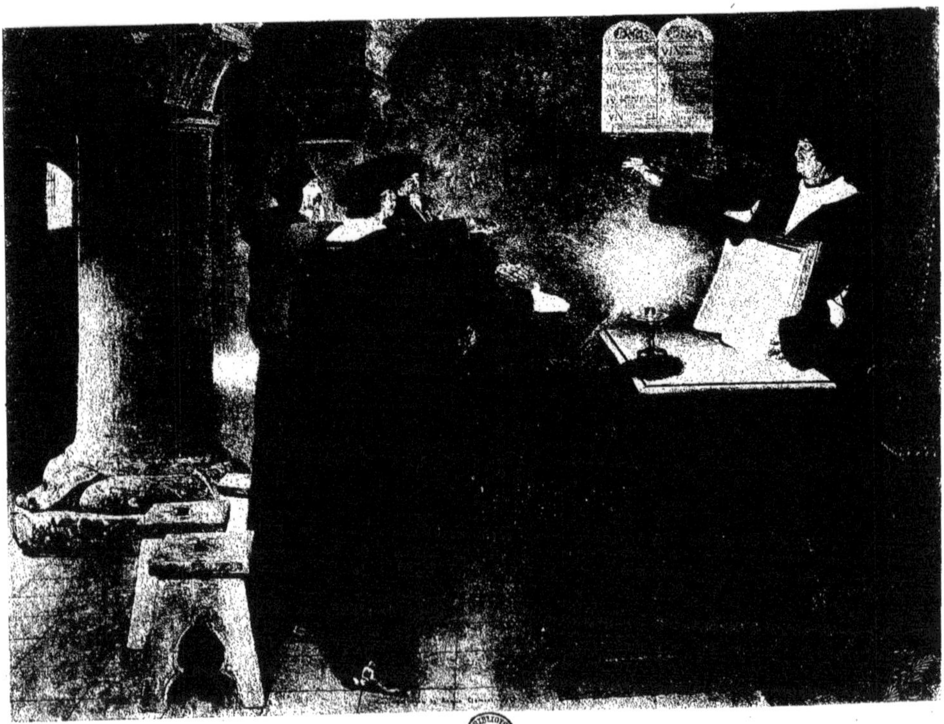

bo — GLORIFICATION DE COLBERT *(Dessin)*

bp — LUTHER & SES DISCIPLES

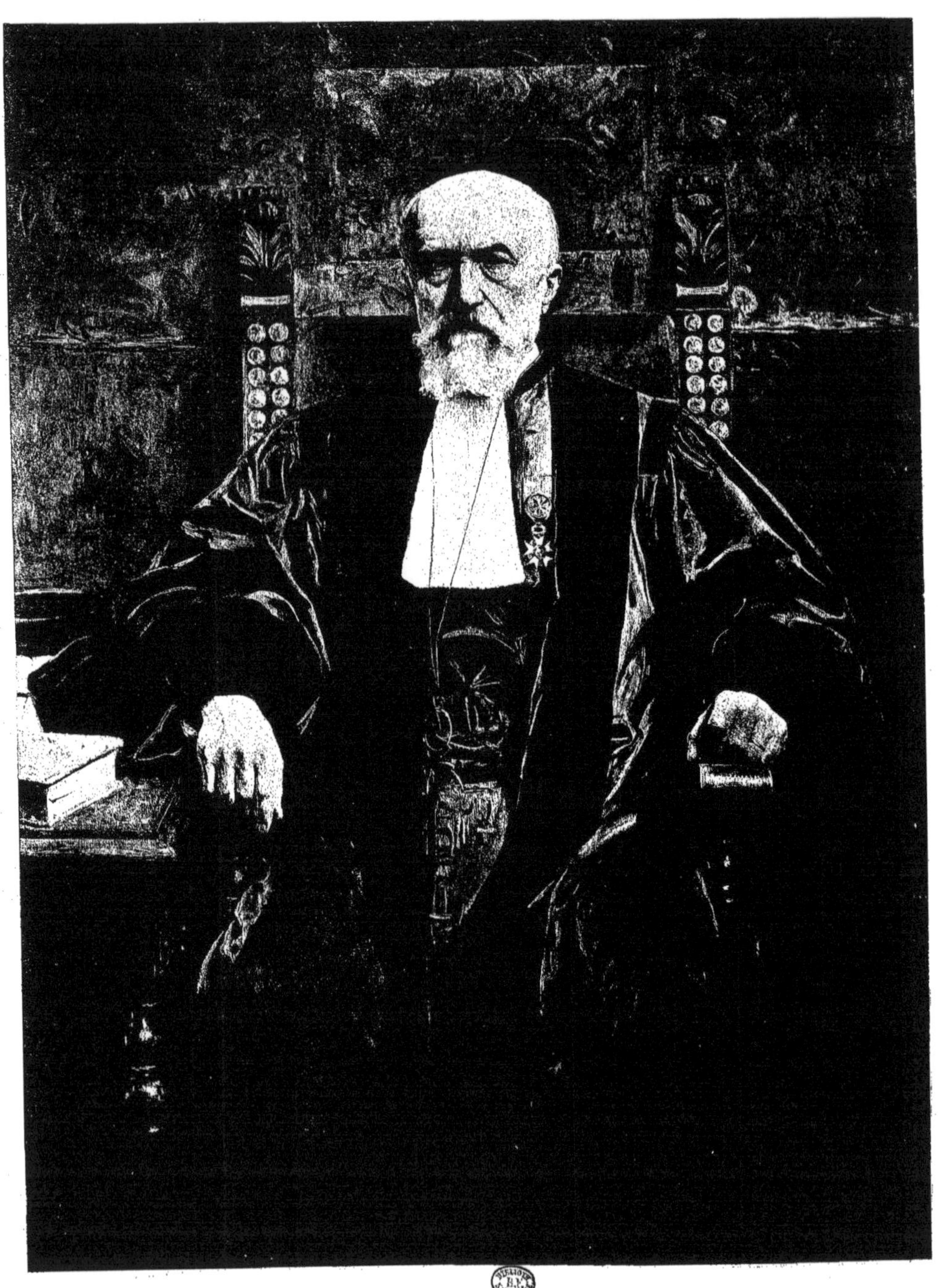

bq — LE PRÉSIDENT GOY

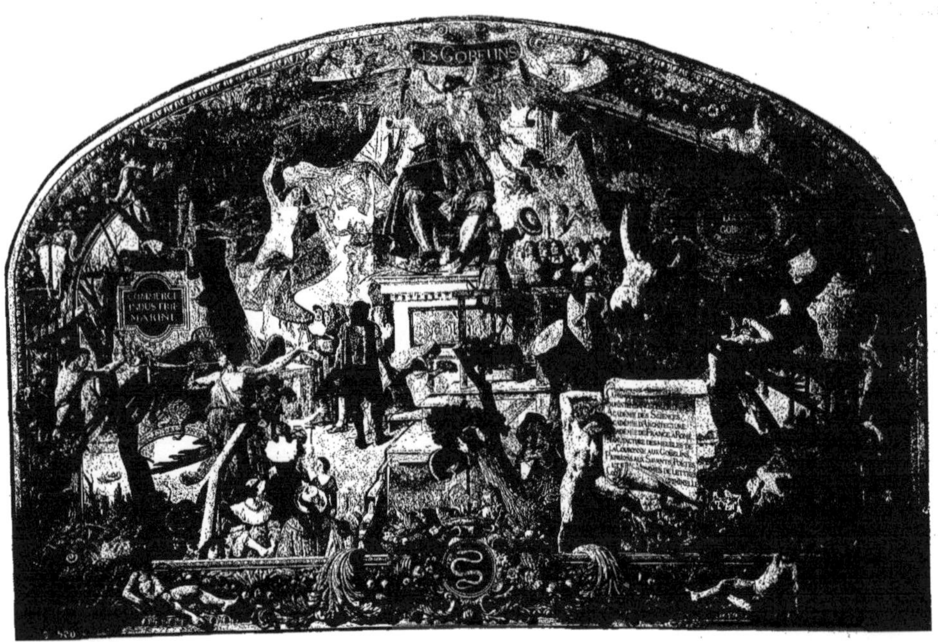

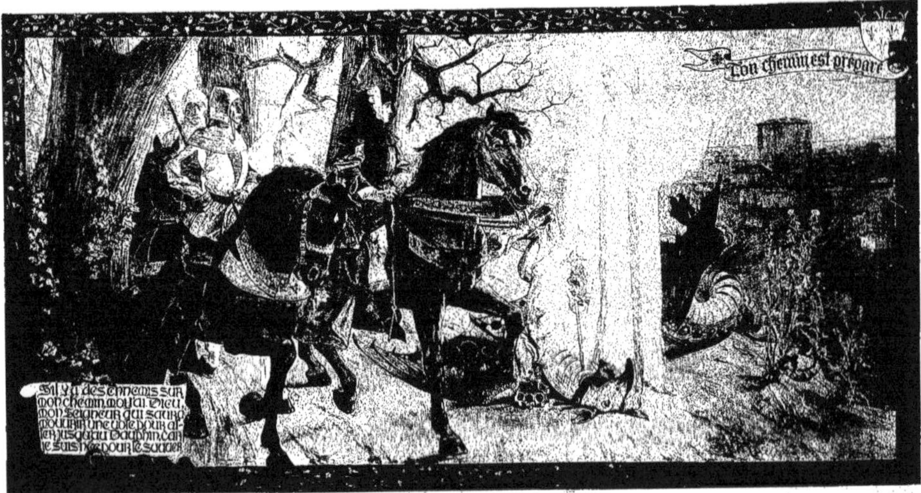

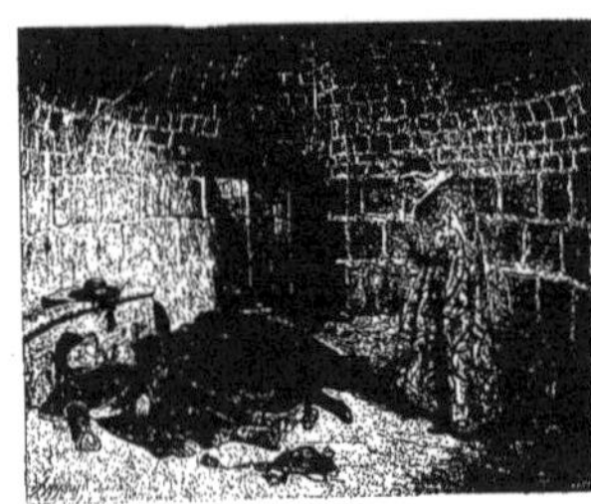

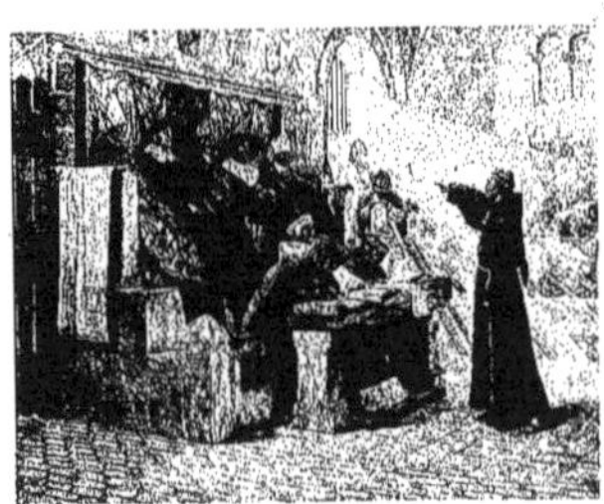

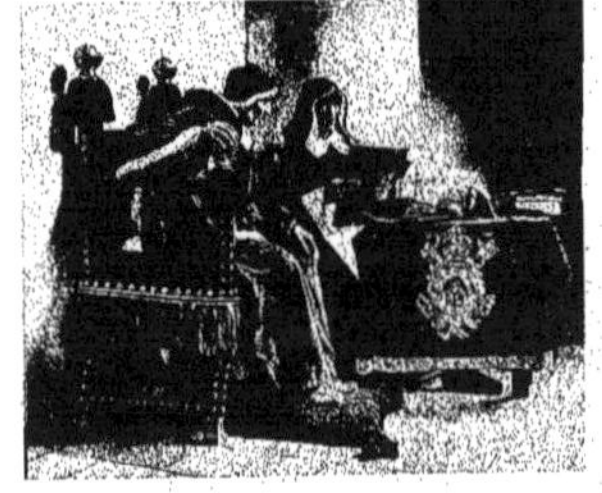

*bo** — LA GLORIFICATION DE COLBERT

*bp** — JEANNE D'ARC

*bq** — URBAIN VI

*br** — L'AGITATEUR DU LANGUEDOC

*bs** - LE PAPE & LE GRAND INQUISITEUR

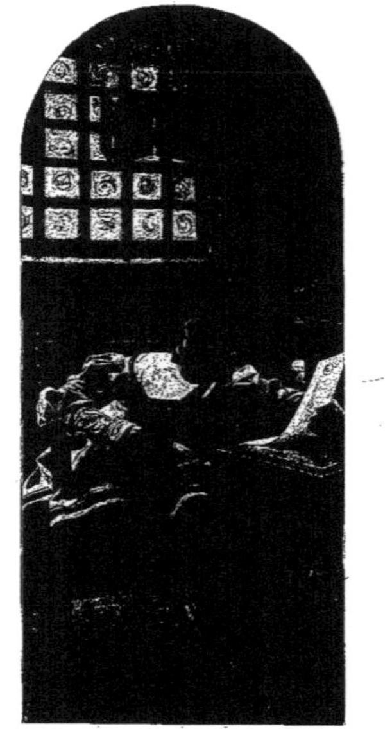

br — SIMON DE COLINES

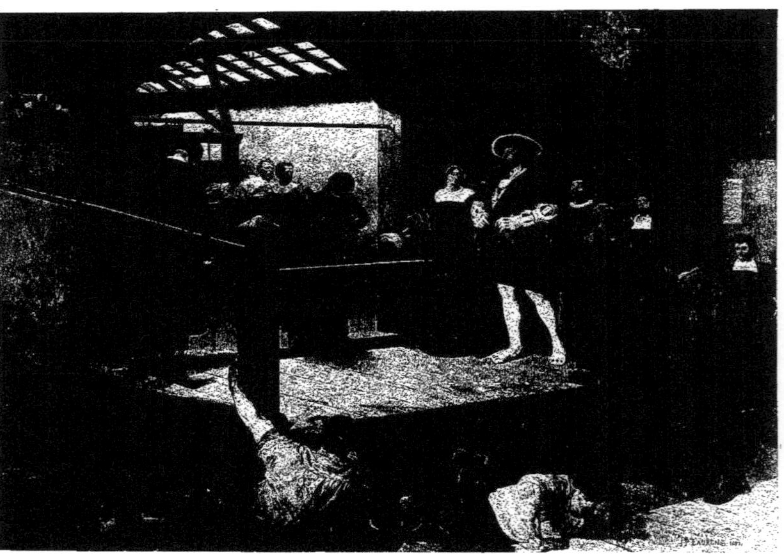

bs — FRANÇOIS Ier VISITANT ROBERT ESTIENNE

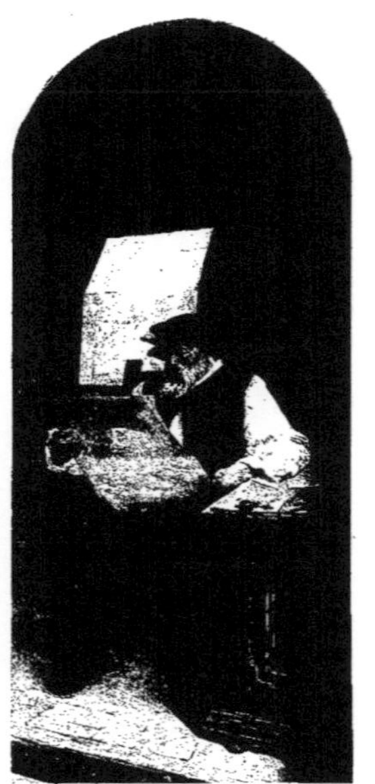

bt — WOLFFGANG

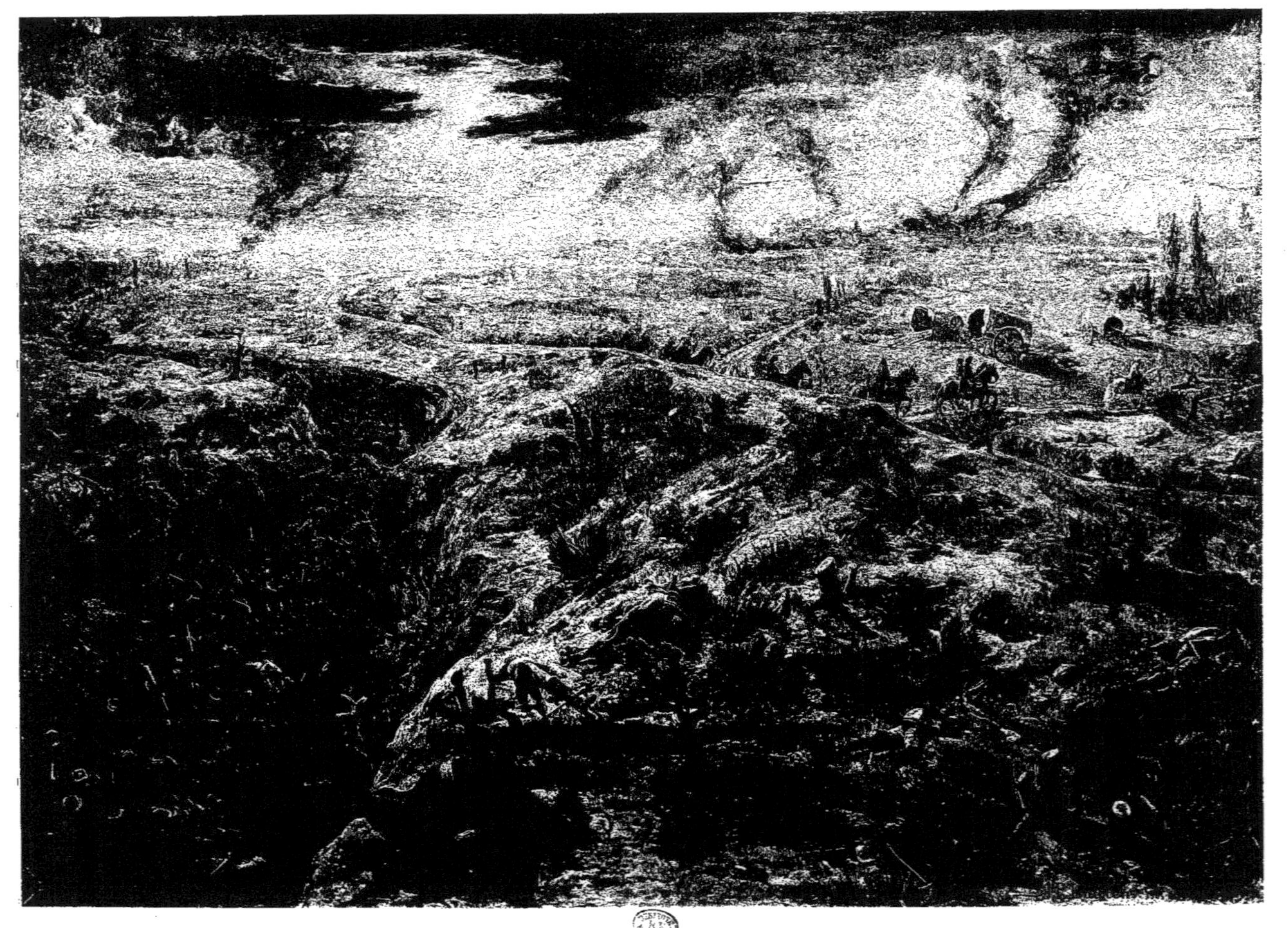

bu — LE DÉSASTRE

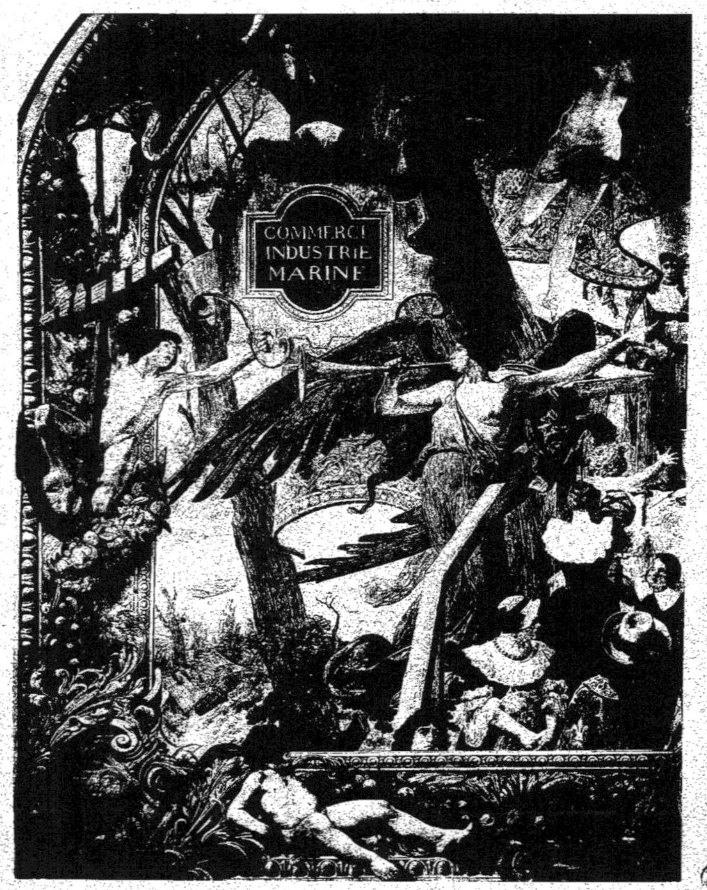

bv — DÉTAILS DE LA GLORIFICATION DE COLBERT

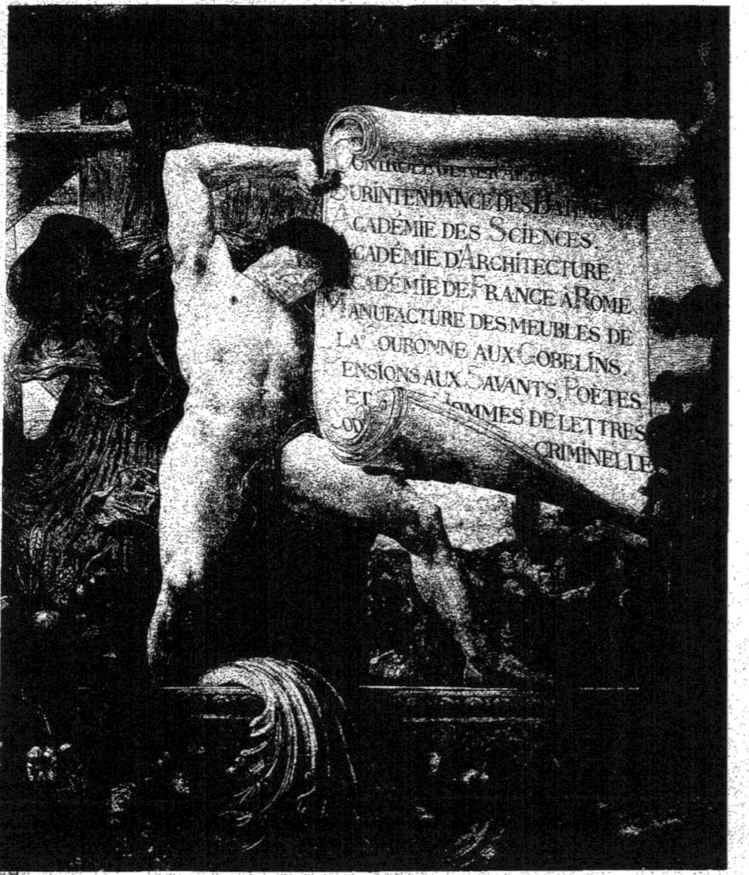

bx — DÉTAILS DE LA GLORIFICATION DE COLBERT

by — BEETHOVEN

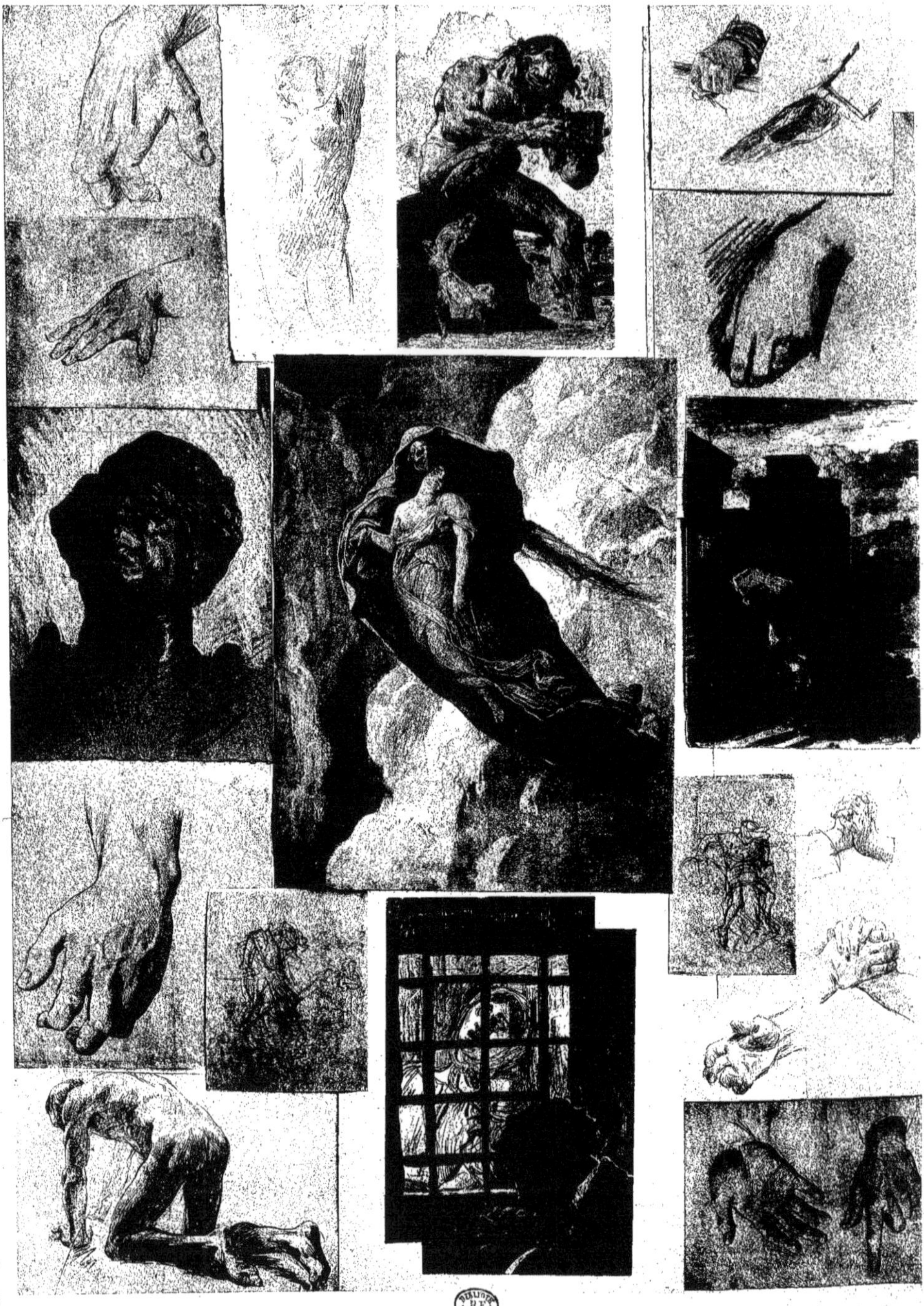

67 — CROQUIS

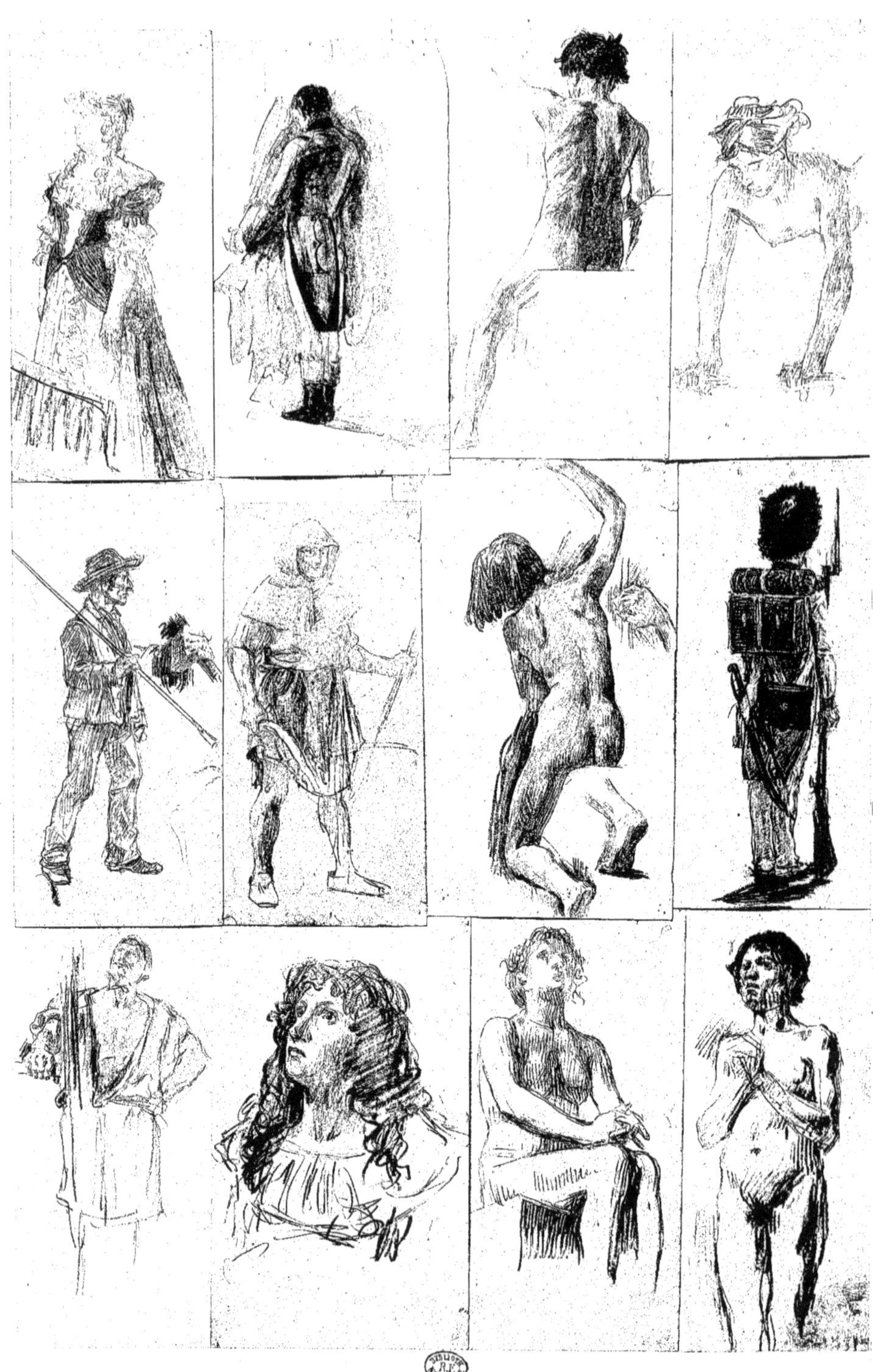

ca — CROQUIS D'APRÈS NATURE

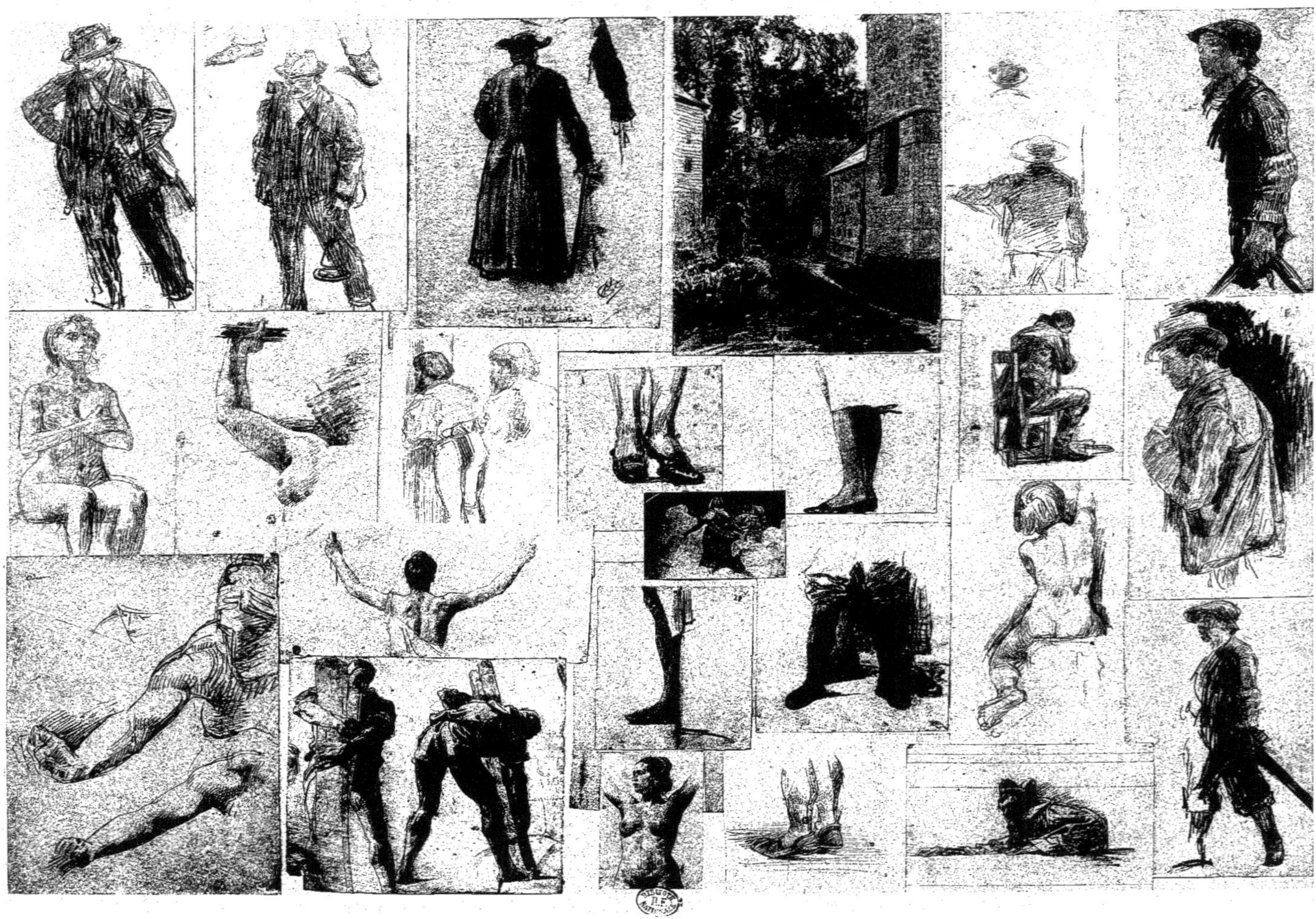

cb — CROQUIS D'APRÈS NATURE

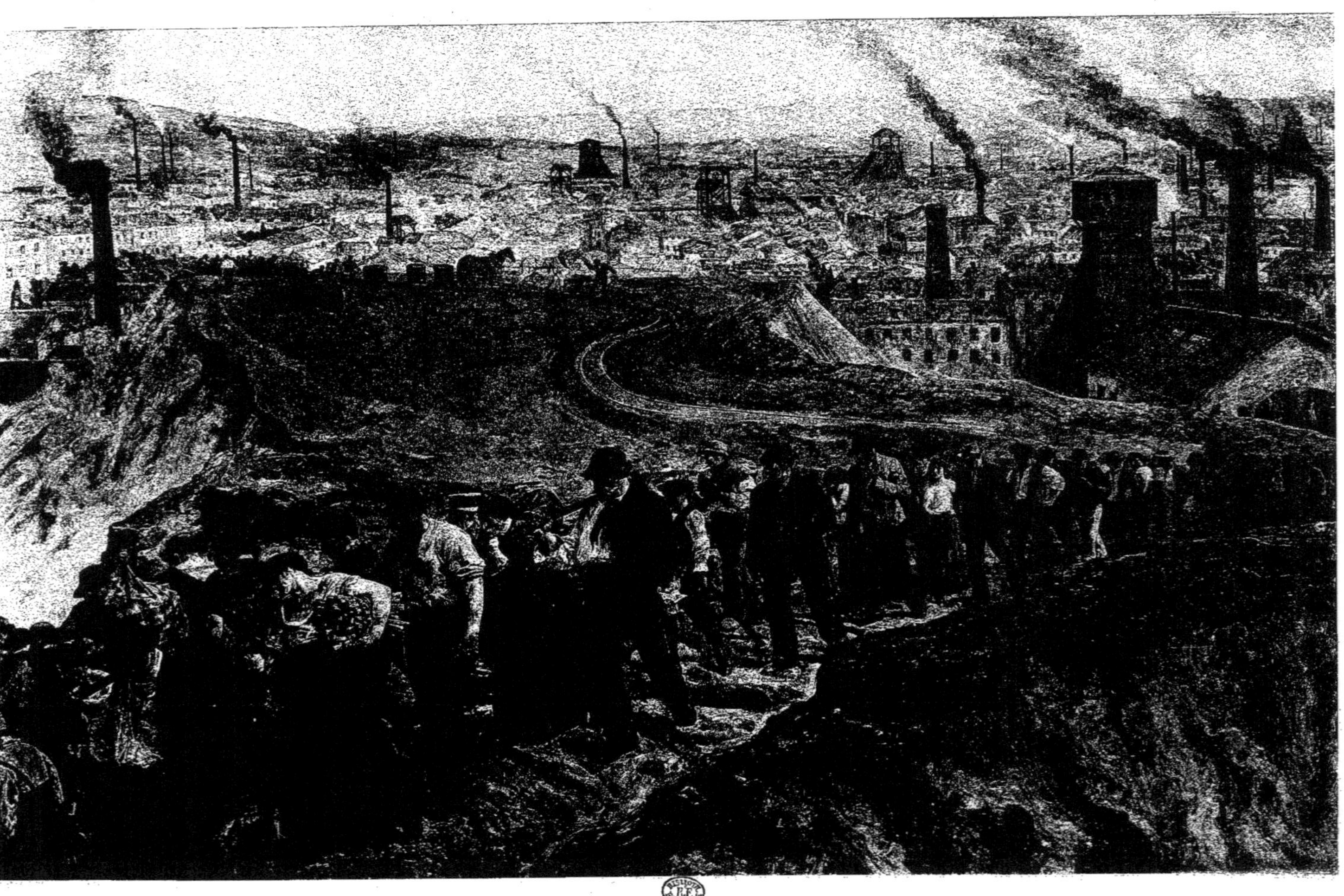

cd — LES MINEURS

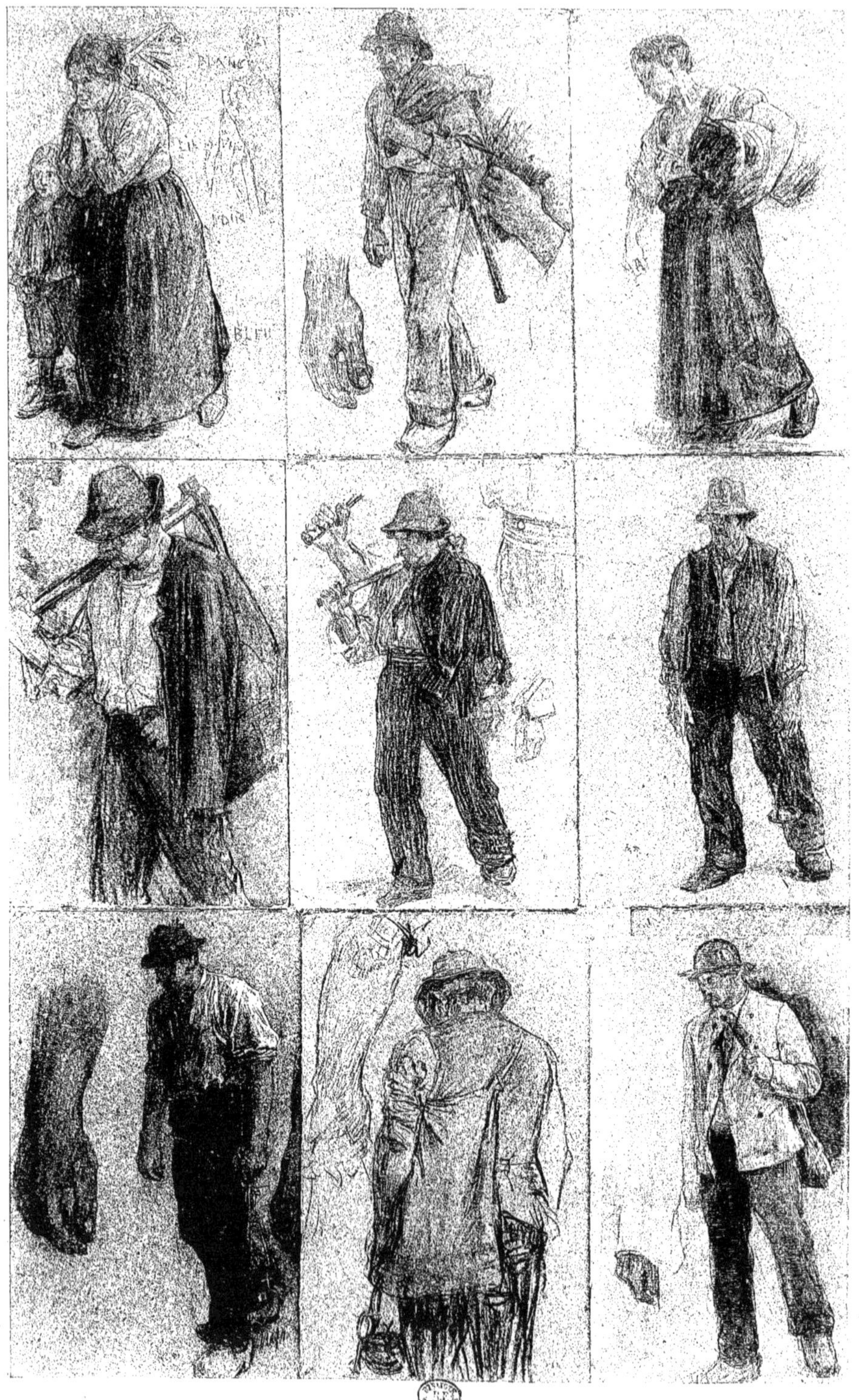

cc — CROQUIS D'APRÈS NATURE *(Les Mineurs)*

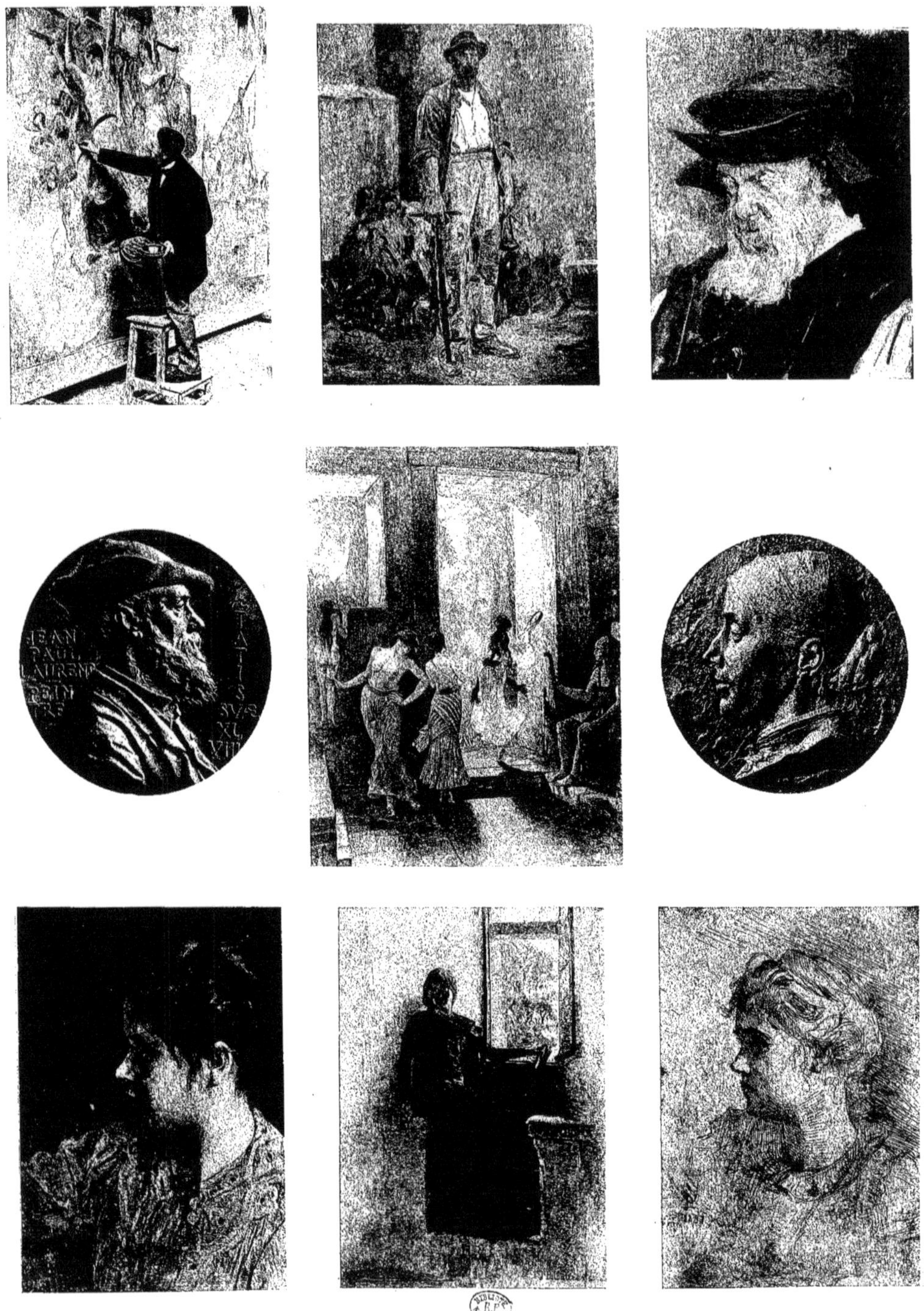

cf — CROQUIS, PORTRAITS, MÉDAILLONS ETC.

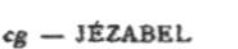

98 — JÉZABEL

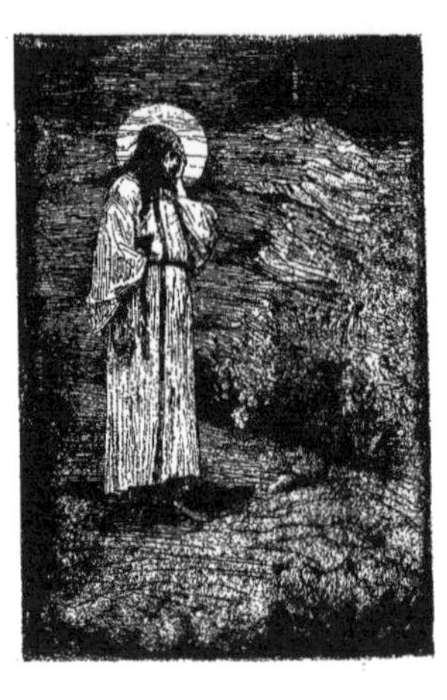
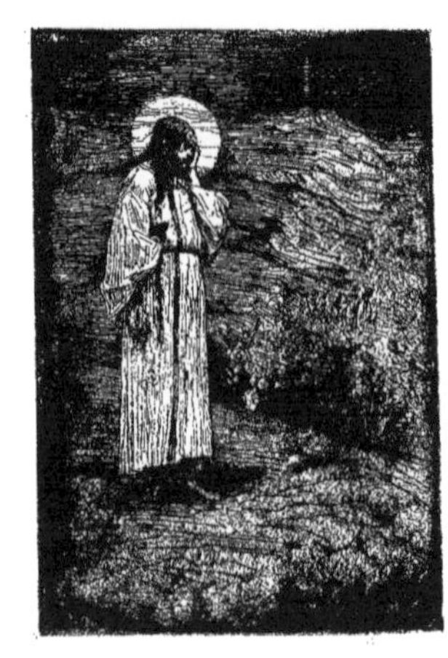
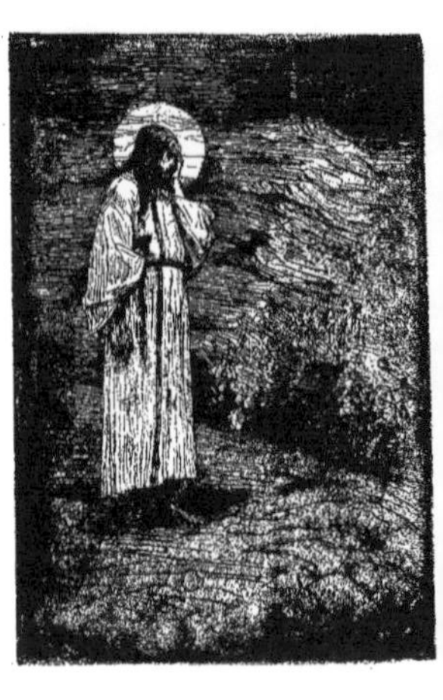
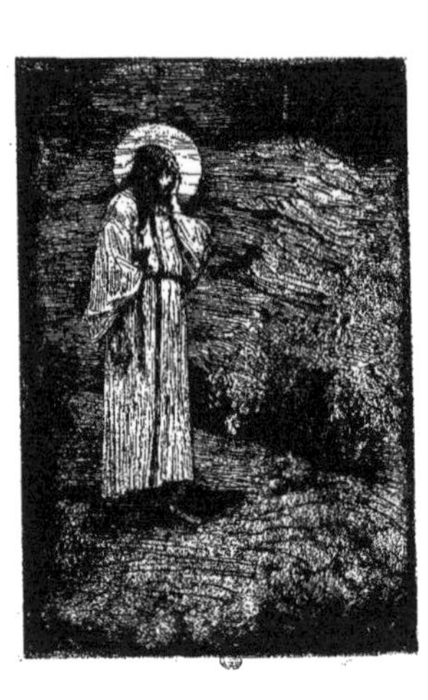
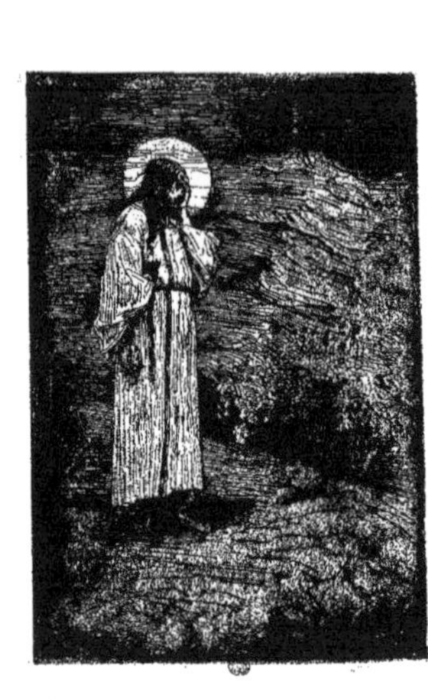
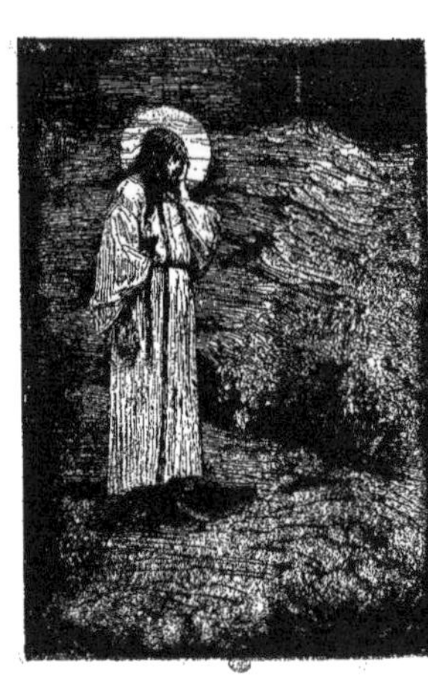
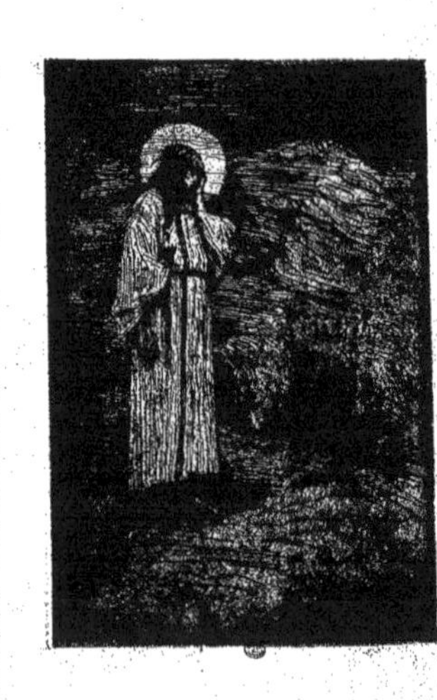
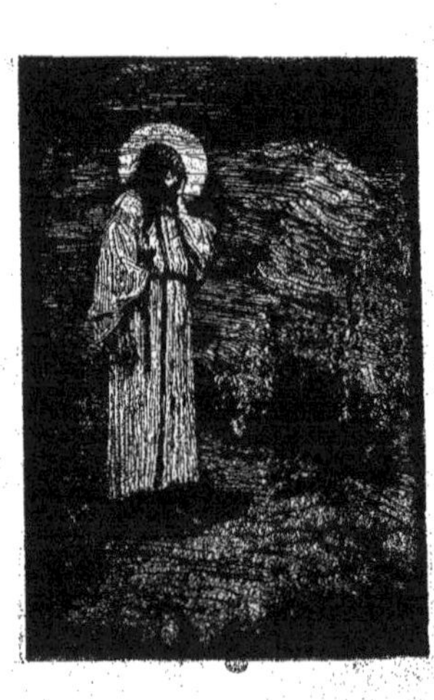
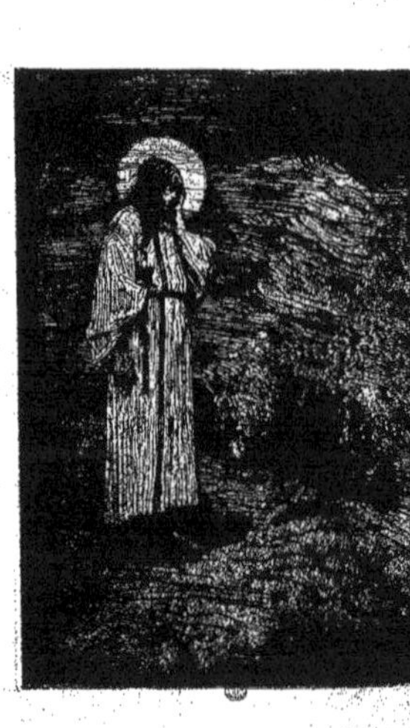

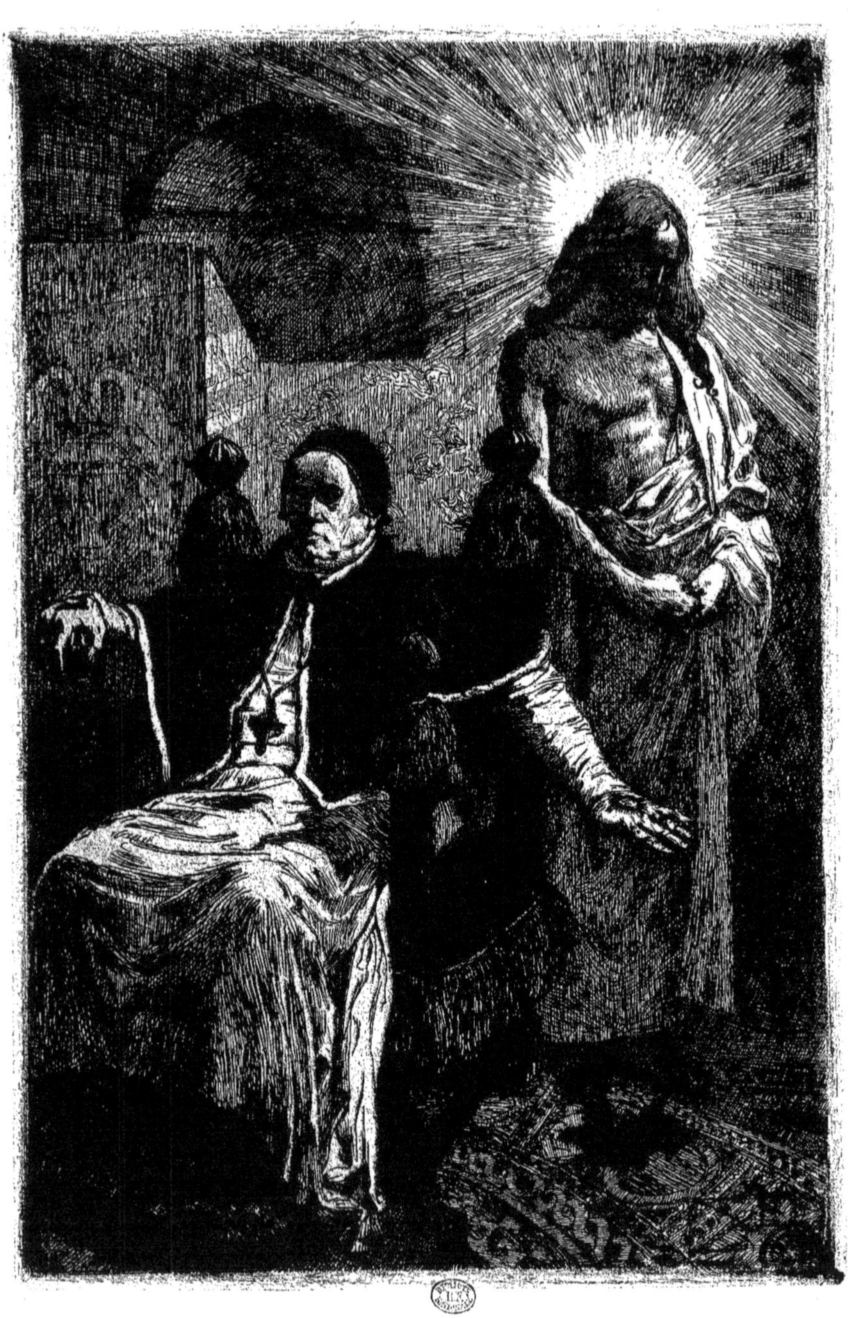

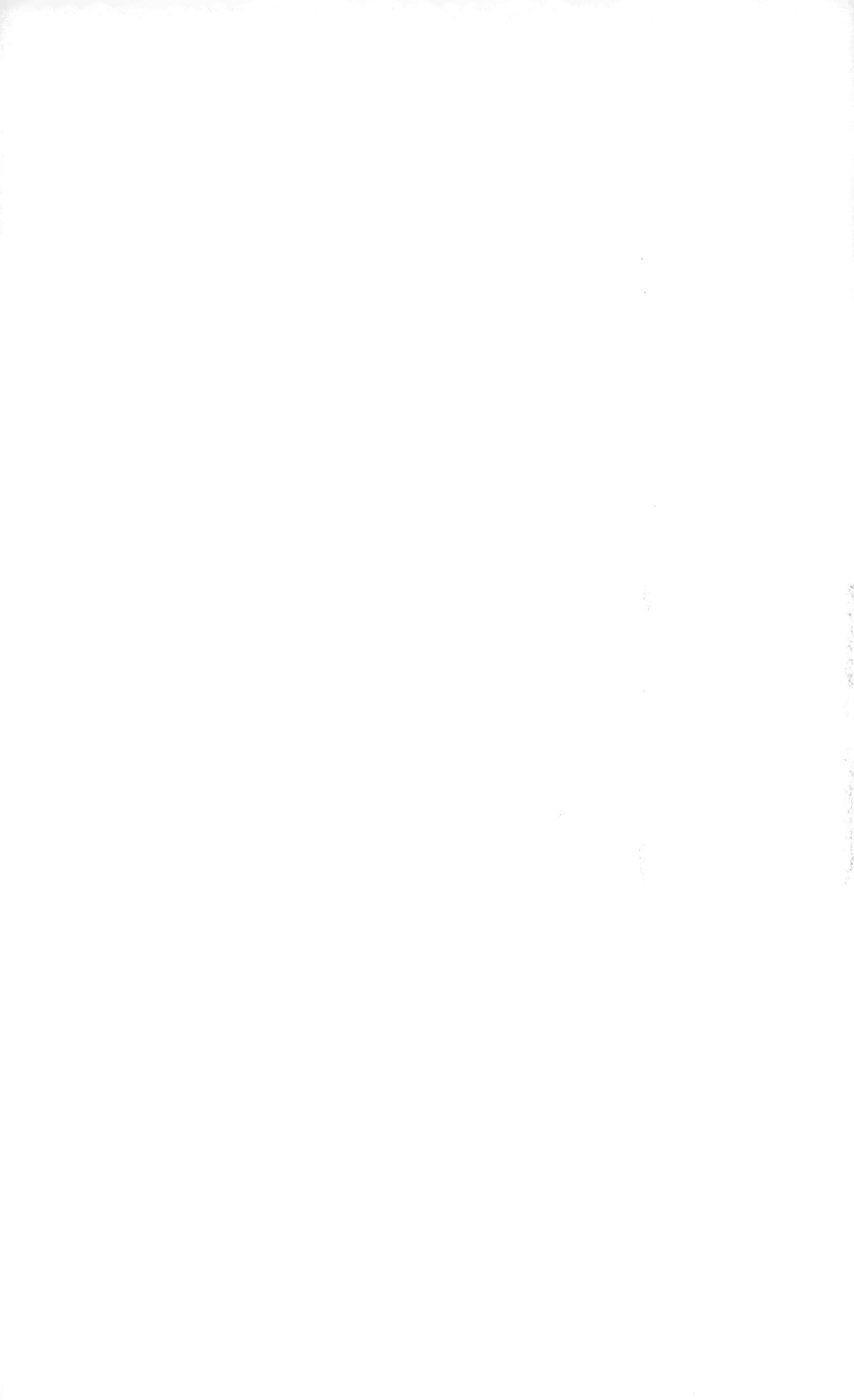

www.ingramcontent.com/pod-product-compliance
Ingram Content Group UK Ltd.
Pitfield, Milton Keynes, MK11 3LW, UK
UKHW020957230726
13923UKWH00007B/624